知的生きかた文庫

できる大人の漢字大全

語彙力向上研究会

三笠書房

はじめに

私たちは毎日、いろいろな漢字に囲まれて生活しています。

その漢字、あなたは正しく読めているでしょうか？

たとえば「小火」「一入」「階」という漢字、読めますか？

正解は「ぼや」「ひとしお」「きざはし」です。漢字自体は小学校で習うものでも、いざ読むとなると難しい。

「初端」は「はったん」？「似非」は「にせ」？ それぞれ正しくは「しょっぱな」、「えせ」と読みます。

「自分は漢字を読めているほうだ」と思っていても、意外と間違えて覚えていたりするものです。本書には「手ごわい漢字」が待ち受けています。

「知らなかった！」「えっ！ そんな読み方をするの」

漢字とのオドロキの出会いを満喫してください。

語彙力向上研究会

◎もくじ

はじめに　3

1章 簡単そうで実は手ごわい漢字
――学校で習ったのに「あれ？　読めない！」

1 見たことがある漢字・読み方の難問（初級）　14
2 見たことがある漢字・読み方の難問（中級）　16
3 見たことがある漢字・読み方の難問（上級）　18
4 見たことがある漢字の部首名　わかりますか？　20
5 さらりと読みたい漢字・何通り読める？【生】　24
6 さらりと読みたい漢字・何通り読める？【分】　27
7 さらりと読みたい漢字・何通り読める？【上】　28

8 さらりと読みたい漢字・何通り読める？【下】 30
9 さらりと読みたい漢字・何通り読める？【明】 32
10 意外と間違えやすい読み方（初級） 34
11 意外と間違えやすい読み方（中級） 38
12 意外と間違えやすい読み方（上級） 42
13 読めそうで読めない！ この漢字（初級） 46
14 読めそうで読めない！ この漢字（中級） 50
15 読めそうで読めない！ この漢字（上級） 54

2章 身の回りの漢字
――野菜や果物、動物や魚……漢字になると摩訶不思議！

1 花の漢字、なんて読む？ 60
2 木の漢字、なんて読む？ 62

3 淡水魚の漢字、なんて読む？ 64
4 海水魚の漢字、なんて読む？ 66
5 水棲動物の漢字、なんて読む？ 68
6 動物の漢字、なんて読む？ 70
7 野菜の漢字、なんて読む？ 72
8 果物の漢字、なんて読む？ 74
9 キノコの漢字、なんて読む？ 76
10 調味料や食材の漢字、なんて読む？ 78
11 食器や調理器具の漢字、なんて読む？ 80
12 料理の漢字、なんて読む？ 82
13 仕事で使う漢字、なんて読む？ 86
14 事件に関する漢字、なんて読む？ 90
15 身体に関する漢字、なんて読む？ 94

3章 和の伝統を感じる漢字

——暦や年中行事……暮らしの知恵が伝わってくる!

1 暦や四季についての漢字、なんて読む? 100
2 季節の行事や草花、昆虫などの漢字、なんて読む? 102
3 年中行事に関する漢字、なんて読む? 104
4 自然現象についての漢字、なんて読む? 106
5 昔の遊びの漢字、なんて読む? 110
6 冠婚葬祭の漢字、なんて読む? 112
7 感情を表す漢字、なんて読む? 116
8 動作を表す漢字、なんて読む? 118
9 和の世界の道具の漢字、なんて読む? 120
10 和の世界の衣装の漢字、なんて読む? 124
11 大工道具の漢字、なんて読む? 128

4章 教養が深まる漢字

——古典芸能や地理・歴史の雑学も身につく！

1 日本の古典や名著の漢字、なんて読む？ 134
2 仏教にまつわる漢字、なんて読む？ 138
3 歌舞伎にまつわる漢字、なんて読む？ 142
4 日本史の事件や用語の漢字、なんて読む？ 146
5 日本史の有名人の漢字、なんて読む？ 148
6 廃藩置県で消えた旧国名の漢字、なんて読む？ 150
7 世界の国名を表す漢字、なんて読む？ 152
8 珍しい都市名、なんて読む？ 154
9 珍しい地名、なんて読む？ 156
10 珍しい苗字、なんて読む？ 158
11 珍しい山の漢字、なんて読む？ 160

12 珍しい駅名、なんて読む？ 164
13 珍しい温泉名、なんて読む？ 174

5章 できる大人の四字熟語
――ここ一番でさらりと使おう！

1 読み間違えやすい四字熟語 184
2 書き間違えやすい四字熟語 186
3 「一」がつく四字熟語 188
4 「同じ漢字」を使う四字熟語 190
5 読み方がとびきり難しい四字熟語 192
6 「季節」を感じられる四字熟語 194

6章

できる大人の慣用句とことわざ

——語彙力が格段に上がる！

1 行動を表す慣用句 200
2 身体に関する慣用句【頭】と【髪の毛】 202
3 身体に関する慣用句【鼻】と【耳】 204
4 動物が出てくる慣用句【野生の動物】と【鳥】 206
5 色に関する慣用句【白】と【黒】と【青】 208
6 実は小学生のときに習ったことわざ 212
7 天気のことわざ 214
8 数字が入ったことわざ 216
9 恋愛に関することわざ 218
10 お金に関することわざ 220

7章

これだけは知っておきたい！類義語と対義語

――漢字の「使い分け」に敏感になる

1 類義語 その① 224
2 類義語 その② 226
3 類義語 その③ 228
4 類義語 その④ 230
5 対義語 その① 232
6 対義語 その② 234
7 対義語 その③ 236
8 対義語 その④ 238

8章

ここに注意！　同音異義語と同訓異字

――「同じ読み」から漢字をイメージする力を磨く

1 同音異義語　その① 242

2 同音異義語　その② 244

3 同音異義語　その③ 246

4 同訓異字　その① 248

5 同訓異字　その② 250

6 同訓異字　その③ 252

編集協力／幸運社・岡崎博之・みなかみ舎

本文ＤＴＰ／株式会社Ｓｕｎ Ｆｕｅｒｚａ

1章

簡単そうで実は手ごわい漢字

——学校で習ったのに「あれ？　読めない！」

1 見たことがある漢字・読み方の難問（初級）

こんなの簡単？　いえいえ、意外に間違えるものです

○探訪

社会の様子や人々の暮らしをたずね歩くこと。「たんぽう」や「たんほう」と読むのは誤り。（**たんぼう**）

○源

もともとは川の水が流れ出す水源という意味だったが、物事の始まりや原因も指す。（**みなもと**）

○粉末

細かく砕いて粉状にする。または、そうしてできた「粉」。（**ふんまつ**）

○古里

自分が生まれ育った土地。「故郷」や「故里」とも書く。（**ふるさと**）

○縦列

たてに並ぶという意味。「縦列駐車」は、一列に並んで駐車してあ

○下戸

○署名

○漁火

○復興

○火傷

○黒子

る車の間に駐車すること。（**じゅうれつ**）

酒を飲めない人を指す。たくさん飲める人は「上戸《じょうご》」と呼ぶ。（**げこ**）

自分の氏名を文書や契約書に書きしるす。または、こうして書かれた氏名のこと。サインとも。（**しょめい**）

魚をおびき寄せるため、漁船の上で焚く火。現在は電気照明を使うケースが多い。（**いさりび**）

いったん衰えたものを再び元の盛んな状態にする。「災害からの復興」などと使う。（**ふっこう**）

高温に接して起こる皮膚の障害。また、転じて、失敗してひどい経験をすること。（**やけど**）

皮膚の表面にできる濃褐色の色素斑。「くろご」と読むと、歌舞伎で俳優の介添えをする人や、表に出ず陰で支える人を指す。（**ほくろ**）

2 見たことがある漢字・読み方の難問（中級）

次は中級に挑戦！　油断できませんよ

○一寸

物事の程度や時間、数量などがわずかなこと。もしくは、軽い気持ちで行われること。「いっすん」とも読むが、やはり「わずか」という意味を持つ。（**ちょっと**）

○講話

集まった多くの人たちに、物語をわかりやすく聞かせる。（**こうわ**）

○四方山

世間のさまざまなこと。「四方八方」を「よもやも」と読み、これが変化したという説も。（**よもやま**）

○飛散

飛んで散乱したり、飛び散ったりすること。「スギ花粉が飛散する」など。（**ひさん**）

○氷柱

○十六夜

○処分

○案山子

○円やか

○設える

水のしずくが凍って軒下などに垂れ下がったもの。だが、「ひょうちゅう」と読むと、夏に室内を涼しくするために置く柱型の氷になる。 **（つらら）**

陰暦一六日の夜。とくに陰暦八月一六日の夜、またはその夜の月を指す。 **（いざよい）**

規則や規約に反した者に罰を与えること。または、不要なものや余分なものを捨てたり売り払うこと。 **（しょぶん）**

害獣を追い払うために、人に見せかけ田畑に立てた人形。もともとは「嗅《か》がし」と言い、鳥獣の肉や毛などを焼いてその臭いで追い払った。 **（かかし）**

元来「形が丸い」ことだが、転じて「口当たりが柔らかい」「味が穏やか」という表現で使われるようになった。 **（まろやか）**

家具などを作って備えつける。または、部屋などを整えたり飾りつける。 **（しつらえる）**

3 見たことがある漢字・読み方の難問（上級）

読めそうで読めない、強敵が待ち構えています！

○雨間
○勤行
○小火
○真字
○革める

雨がやんでいる間。「あまあい」とも読む。（あまま）

仏教の修行をすること。仏前で定期的に読経などを行うことも指す。（ごんぎょう）

大きくならないうちに消し止めた火事。漢字でこう書くと知らなかった人も多いはず。（ぼや）

仮名に対して漢字を指す。「正式の文字」という意味で、もともとは「真名」と書いた。（まな）

悪いところや不備を改善する。「改める」とも書く。

○印形

○一入

○態態

○階

○口遊む

○寸寸

文書や契約書に押した印鑑の跡、あるいは印鑑そのもの。（あらためる）

他の場合よりも程度が高いこと。「いっそう」や「ひときわ」と同義語。（いんぎょう）

ついでにやるのではなく、ただそのことだけに行動すること。（ひとしお）

階段のことだが、これ一文字のときは「かい」とは読まない。（わざわざ）

歌や詩などを思いつくままに歌う。かつては「噂をする」という意味もあった。（きざはし）

物を細かく切ること。または、物がバラバラになっている状態。（くちずさむ）

（ずたずた）

4 見たことがある漢字の部首名　わかりますか？

部首名には、思わぬ落とし穴が！

○空　窓　究

「うかんむり」と答えた人が多いかもしれないが、正解は穴冠《あなかんむり》。
（あなかんむり）

○遠　迷　遺

「辶」に似ていることから、もともとは「之繞《しにょう》」と言ったが、撥音添加で「しんにょう」に。

（しんにょう）

○社　祖　祠

三つ目の「祠」が仲間外れのような気もするが、これも示偏《しめすへん》のひとつ。
（しめすへん）

○複　補　袖

示偏に似ているが、点がついて一画多い。ちなみに「初」は「刀」が部首。
（ころもへん）

○円 冊 内

○兄 元 光

○今 倉 会

○味 吸 呼

○夏 変 愛

○防 限 険

○都 部 郡

けいがまえは「冂構」と書き、「冂」は「まど」という意味。

(けいがまえ、どうがまえ、えんがまえ、まきがまえ)

「儿繞」と書く。人がひざまずいている形を表した象形文字に由来。人足《ひとあし》とも言う。

(ひとあし、にんにょう)

「人頭」と書く。人間が関係している漢字に用いられるので、「人」が変化したものと考えられる。

(ひとがしら、ひとやね)

人の口に関連する漢字に使われ、漢字の左側に来る場合に「口《くち》偏《へん》」と言う。

(くちへん)

「夂繞」と書く。もともとは「足を引きずる」「ゆっくり歩く」などという意味がある。

(すいにょう、ふゆがしら)

「小里偏」や「阜偏」と書く。本来は「阜」で、偏に使われると「阝」になる。

(こざとへん)

里という意味の「邑」が変化したもの。こざとへんに似ているが、こちらは漢字の右側に位置する。

(おおざと)

○物　特　牧

角を持つウシを表した象形文字から生まれた「牛」が変化したもの。

（うしへん）

○次　欲　歌

人が口を開けている象形文字から生まれた「欠《あくび》」に由来する。口の動きに関係した漢字に使われることが多い。

（あくび）

○刊　別　列

「立刀」と書くとおり、「刀」が変化したもの。刃物を使う動作や刃物の性質に関係する漢字に使われる。

（りっとう）

○頃　頂　順

「貝」という漢字に似ているが、これは頭部を強調した人の姿を表した象形文字に由来している。

（おおがい）

○京　交　亡

「卦算冠」と書き、古代中国から伝わる「易」という占いで使われる卦算という道具に似ていることに由来する。形が鍋の蓋に似ているため「なべぶた」とも言う。

（けいさんかんむり）

○快　性　情

「心」という漢字を立てて省略した偏で「立心偏」と書く。心の動きに関係する漢字に使われる。

（りっしんべん）

○回　四　国

「囲む」という意味を持つ。「くち」と思い違いしやすいので要注

○右　古　号

○了　事　争

○二　五　井

○友　反　取

○殴　段　殿

意。（くにがまえ）

人の口の形を表した象形文字に由来する部首。漢字の左側に位置したときは「くちへん」と言う。（くち）

下の端が釣り針のように曲がった鍵が象形文字化した部首で、特定の意味はない。（はねぼう）

数字の「二」をもとにした部首。ちなみに「三」は「一」を三つ重ねた漢字のため、部首は「一」になる。（に）

右手を表わす象形文字が変化してできた漢字のため、もともとは「右手」や「手」という意味だった。（また）

矛・木の枝を持つ象形文字からできたもの。（ほこづくり、るまた）

5 さらりと読みたい漢字・何通り読める？【生】

「生」だけで、こんなに読み方があるなんて！

○**生活**（せいかつ）
生きていること。または、人が世の中で暮らすこと。

○**誕生**（たんじょう）
人が生まれること。転じて、物事やある状態が新しくできあがるという意味にも。

○**生花**（いけばな）
草木の枝や花、葉などを花器に挿し、形を整えて鑑賞物にすること。「せいか」とも読む。

○**生憎**（あいにく）
意に反して不都合が起きた状態。または、予想に反して状況が悪くなる。

○一生

○生意気

○鈴生り

○生糸

○生える

○生毛

○生粋

生まれてから死ぬまでの間。あるいは、やっと生き延びられた状態。「九死に一生を得る」など。

（いっしょう）


自分の年齢や地位、能力を考えずに出すぎた言動をする。

（なまいき）


果実がたくさん群がってなっている様子。転じて、大勢の人たちが一カ所に集まっている様子も。

（すずなり）


カイコの繭からとった糸。絹織物の原料として古代から生産されてきた。

（きいと）


草木の芽が出てきたり、草木が生育したりすること。また、歯やヒゲ、角などが出てくること。

（はえる）


生まれたときから赤ちゃんに生えている毛や、顔や首筋に生えている柔らかい細い毛。

（うぶげ）


混じりけがなく優れていること。もともとは「きすい」と言った。

（きっすい）

○芝生

○早生

○晩生

○往生

○福生

○弥生

芝や芝草が一面に生えている場所のこと。また、庭などで芝や芝草が植えてあるところ。（しばふ）

一般的な品種より生育期間が短く、早い時期に収穫できる作物。（わせ）

一般的な品種よりも生育期間が長く、熟成が遅い作物のこと。転じて、成長・成熟の遅いこと。（おくて）

死ぬという意味だが、もともとは「現世を去って仏の浄土に生まれ変わる」という仏教語。（おうじょう）

東京都の西にある市の名前。米軍の横田基地があることで知られる。（ふっさ）

東京都文京区に存在する地名。土器が発見され、地名にちなんで弥生式土器と呼ばれるようになった。（やよい）

6 さらりと読みたい漢字・何通り読める？【分】

「分」にもたくさんの読み方が！

○充分
いっぱいあること、たっぷりとあること。「十分」とも書く。
（じゅうぶん）

○分厚い
辞典や辞書のように厚みがかなりあること、または厚い感じがすること。
（ぶあつい）

○追分
道が二つに分かれる場所を指す。「信濃追分」や「追分宿」のように地名にもなっている。

（おいわけ）

7 さらりと読みたい漢字・何通り読める？【上】

「上」の読み方もバリエーションが豊か！

○上下

上衣と袴を身につけた正装。身分の上位と下位、舞台の上手《かみて》下手《しもて》という意味も。「じょうげ」「うえした」の読みもある。（**かみしも**）

○上皇

譲位後の天皇の尊称。「太上天皇《だいじょうてんのう》」の略称。（**じょうこう**）

○上澄み

混ざり物のある液体をしばらく置き、上にできた澄んだ部分。（**うわずみ**）

○値上げ

商品の値段や家賃、サービスなどの料金を高くすること。（**ねあげ**）

○上人

○上せ

○上手い

○上総

○上野

○上枝

仏教の修行に励んだ高僧、または僧侶の敬称。「じょうにん」と読むと身分の高い人、気だてのよい人を指す。（しょうにん）

熱いお湯に長時間入ったり、興奮して、発汗や頭痛、めまい、顔のほてりなどを感じたりする状態。（のぼせ）

あることをたくみにでき、しかも優れていること。また、手際のよさ。（うまい）

現在の千葉県中部にあたる古い地名で、大化改新時に、総国《ふさのくに》が上総、下総《しもうさ》の二国に分かれた。（かずさ）

「上毛野《かみつけの》」が変化した言葉で、現在の群馬県にあたる古い地名。「うえの」と読むのが一般的。（こうずけ）

木の上の方に生えている枝のこと。「うわえだ」とも読む。（ほつえ）

8 さらりと読みたい漢字・何通り読める？【下】

「下」には、思いもよらない読み方が！

○下等

等級が低いこと、物などの状態や品質が他よりも劣っていること。

（かとう）

○下剤

腸の蠕動《ぜんどう》運動を促進したり、便を柔らかくする薬剤。

（げざい）

○下働き

人の下について働く。狭義では炊事や掃除などの雑用を担当する人を指す。

（したばたらき）

○下さい

相手に物やなにかを請求するときや、なにかを要望するのに使う言葉。

（ください）

○下座
○下がる
○足下
○下手
○下枝

座敷や客席などで、下位の人が座る席。「げざ」と読むのは、座から下りて平伏すること。（しもざ）

物が下へ向かったり、なにかにぶらさがっていたりする状態、値段や評価などが低くなる。また、身分の高い人の前から退出することも指す。（さがる）

立っている足の真下にある場所。「足元」も「あしもと」と読むが、立っている足の周辺を指す他、「足元にも及ばない」「足元を見る」など、ある人の身辺や状況という意味にも使われる。「足下にひれ伏す」のは「そっか」と読む。（あしもと）

物事がうまくできなかったり、手際が悪いこと。また、悪い結果をもたらした行動という意味も。地位が下なら「したて」「したで」と読み、「しもて」なら下の方の意になる。（へた）

木の下の方に生えている枝のこと。「したえだ」とも。（しずえ）

9 さらりと読みたい漢字・何通り読める？【明】

「明」は地名や食べ物にも使われています

○薄明

日の出前と日の入り直後の薄明りの状態。太陽の光が大気に散乱して生じる。（はくめい）

○夜明け

夜が明けること、またはその時間。転じて、比喩的に新しい時代や文化芸術などの始まりという意味で使われる。（よあけ）

○明朝

一四世紀に漢民族がモンゴル民族を追い払って建国した王朝、またはその時代。「明朝早く」の場合は「みょうちょう」と読む。（みんちょう）

○光明

明るい光や輝かしい栄光を指すが、比喩的に、逆境で見いだした

○明かり

○明後日

○松明

○明太子

○明石

○有明

希望や解決の糸口を指す場合も。（こうみょう）

自然や人工的に作り出した光。かつては「潔白の証明」という意味も。（あかり）

明日の次の日。「明後日の方向」というと、まったく見当違いの意味になる。（あさって、みょうごにち）

脂《やに》の多い松の枝や竹を束ね、その先に火をつけて照明としたもの。「しょうみょう」とも読む。（たいまつ）

スケトウダラの卵巣を唐辛子と塩で漬けた食品。「明太」とはスケトウダラという意味。（めんたいこ）

兵庫県南部の市の名。日本標準時子午線の通過地の標柱があることで知られている。（あかし）

東京都江東区や長崎県南東部などに存在する地名だが、「手提げあんどん」の意味も。（ありあけ）

10 意外と間違えやすい読み方（初級）

ふだん使う漢字でも、壁はなかなか高いですよ

○奇妙

○停泊

○気配

○抵触

普通ではなくて不思議なこと。転じて「面白い」「とても趣がある」という意味もある。（きみょう）

船が碇《いかり》を下ろして泊まる。碇を使って泊まるので「碇泊」と書くことも。（ていはく）

はっきりと見えるわけではないが、漠然と感じたり、なんとなく感じたりする様子や素振り。（けはい）

もともとは「触れる」「衝突する」という意味だったが、転じて「ある行為が規則や法律に触れる」ことを指すように。（ていしょく）

○寸劇
○疫病
○偶然
○穀物
○模倣
○同盟
○勢い

コンサートなどの合間に入る、ごく短い簡単な演劇やコントのこと。（すんげき）

感染性の強い悪性の病気を指す古い言葉。ただし、その疫病をもたらす「疫病神」は「やくびょうがみ」と呼ぶ。（えきびょう）

まったく因果関係がなく、予期しないことが起きる現象。（ぐうぜん）

種や実を食用とする農作物で、イネ（米）や麦、トウモロコシ、その他豆類を指す。（こくもつ）

自分で創り出すのではなく、他の物をまねたり似せる。（もほう）

個人や団体、国家などが、共通の目的を達成するために同一の行動を約束すること。（どうめい）

他を圧倒する力を指すのが一般的だが、「酒の勢いで言ってしまった」のように、「その時のなりゆき」という意味で使われる場合も。（いきおい）

○搬入
○乾く
○宛名
○表明
○懐かしい
○翻訳
○激論
○宅配

なにかを持ち込む、運び入れること。（はんにゅう）

物に含まれている水分や湿気がなくなる状態。感情や生気があまり感じられないという表現でも使われる。（かわく）

手紙や書類などに書く先方の氏名。住所は宛先。（あてな）

「出馬表明」や「引退表明」のように、自分の考えや決意などを、はっきり表し示す。（ひょうめい）

過去に慣れ親しんだ人や事物を思い出し、心がひかれること。（なつかしい）

ある言語を他の言語に置き換えて表す。コンピュータプログラムの変換やＤＮＡの複製を指すケースも。（ほんやく）

激しく論争する、激しく議論する。「激論を交わす」などと使う。（げきろん）

荷物を指定された家に戸別に配達するという意味。一般には「宅急便」という言葉が広く知られているが、これはヤマト運輸の登

○挨拶

○補足

○発酵

○奏でる

○宴席

録商標。　（たくはい）

人間関係を円滑にするための社交的儀礼。言葉だけではなく、握手や頭を下げるなどの動作も含まれる。　（あいさつ）

不足している点を補い、つけ加えること。「補足説明」などと使う。　（ほそく）

微生物が有機物を分解し、特定の物質を生成すること。アルコールやチーズ、醤油などの製造に利用される。人間にとって有害な反応の場合は「腐敗」という。　（はっこう）

楽器、とくにギターなどの管弦楽器の演奏。古くは「踊りを舞う」という意味で使われていた。　（かなでる）

人が集まり酒食をともにして歌や踊りを楽しむ会合の席。「宴席を設ける」などと使う。　（えんせき）

11 意外と間違えやすい読み方（中級）

よく使う漢字ほど、間違えて覚えていることも

○**到底**

「到底無理」のように、どうやっても、どうしても、の意味で使われるのが主だが、「つまり」という意味も。

（とうてい）

○**断層**

岩や地層が強い力で断ち切られ、ずれて動いた部分や現象を指す。

（だんそう）

○**基づく**

あることが根拠や基盤になって生じること。「法律に基づいて判断される」など。

（もとづく）

○**収納**

中に入れてしまうという意味でよく使われるが、年貢や税金を受け取っておさめる、農作物を収穫するの意味も。

（しゅうのう）

○密接

○画廊

○謝る

○低迷

○繁殖

○会釈

○凶弾

人または物同士の関係がとても深く、互いに強い影響を及ぼし合う状態。

（みっせつ）

絵画などの美術品を陳列展示している場所、あるいは、それを販売する画商の店。

（がろう）

本来は、悪かったという気持ちで相手に許しを願うという意味だが、「困る」「辞退する」という意味で使われる場合もある。

（あやまる）

本来は、低く漂うという意味。それが転じて、よくない状態から抜け出せないさまを指すことも。

（ていめい）

植物や動物などが跡継ぎを残し、種族を維持、増やすこと。人間に対しては使わないのが一般的。

（はんしょく）

少しだけ頭を下げて軽いお辞儀をする挨拶。

（えしゃく）

残忍でひどい人が撃った弾丸。「凶弾に倒れる」などと使う。

（きょうだん）

○摩擦

○陰影

○吐露

○介抱

○容赦

○超越

○余暇

物体同士がすれあうときに生まれる抵抗。転じて、相手との間に意見や感情の食い違いがある状態も指す。（まさつ）

かげになった部分のこと。「陰影に富んだ文章」のように、感情や調子に趣・深みがあるという意味でも使われる。（いんえい）

心に思っていることを誰かに打ち明けること。「露」には「むき出しにして表す」という意味がある。（とろ）

病人やけが人、酔っ払いなどを助け、世話をする。（かいほう）

大目に見る。手加減する、控えめにするなどの意味が一般的。「許す」という意味で使われる場合も。（ようしゃ）

一般的に考えられる程度をはるかに超えて優れていること。「時代を超越している」「ＵＦＯは人間の理解を超越した存在だ」などと使う。（ちょうえつ）

仕事の合間などにできた自由に使える時間。英語では「レジャー」。（よか）

○卑屈
○成就
○開拓
○葬儀
○厳密
○就任
○著者

意気地がなく、必要以上に自分をさげすむ様子。「卑屈な態度」「卑屈な笑い」などと使う。（ひくつ）

物事を成し遂げること、願っていたことや思いがかなうこと。「長年の悲願が成就した」「大願成就」など。（じょうじゅ）

野山や荒れ地を切り開いて田畑や居住地などにする。転じて、新しい分野を切り開くという意味でも使われる。（かいたく）

死者をほうむる儀式。納棺、通夜、告別式、火葬、納骨までのすべてを指す。（そうぎ）

細かいところまで厳しく目が行き届き、厳正に行うさま。（げんみつ）

ある任務や職務につく。似た言葉の「赴任」は任地へ向かうこと、「着任」は任地に到着したという意味。（しゅうにん）

小説や記事、論文、記録などを執筆した者。（ちょしゃ）

12 意外と間違えやすい読み方（上級）

全問正解のあなた、お見事です！

○**克明**　（**こくめい**）
細かい点まで念を入れてしっかり仕上げる、非常に明らかなこと。真面目で正直という意味も。

○**縫合**　（**ほうごう**）
縫い合わせること。

○**顕著**　（**けんちょ**）
誰が見ても明らかなほどはっきり現れている。際立って目につく様子。

○**尊厳**　（**そんげん**）
なんとしてでも守らなければならない大切なこと、気高くおかしがたいこと。

○**擁護**
かばい守る。「おうご」と読むと、仏様などが人の祈願を聞き入れ

○多岐

○滴る

○趣旨

○顧問

○穏便

○利潤

て守り助けるという意味に。**（ようご）**

ある事象や物事の行き先がいくつにも分かれていたり、多方面に関わりを持つ様子。**（たき）**

液体がしずくになって垂れ落ちる。美しさが溢れるばかりに満ちているという意味も。**（したたる）**

ある事を行う目的や理由、または文章や話などの中で最も重要な事柄。**（しゅし）**

相談をしたり、意見を聞いたりするために設けられた役職。または、その人。**（こもん）**

物事を荒だてたり、過激な措置をとったりせずに穏やかに行う。「手軽」や「便利」の意味も。**（おんびん）**

収入から人件費などの経費を差し引いた残りの金額。「儲け」や「利益」とも言う。**（りじゅん）**

○排他
○屈託
○停滞
○壇上
○陳腐
○放浪
○飢餓

他人を退けるという意味だが、狭義では、自分の仲間以外の者を受け入れないこと。（はいた）

ひとつのことが気になり、他のことが手につかない。または、くよくよする。「屈託のない笑顔」などと使う。（くったく）

一カ所に留まって動かなかったり、物事が順調に進まなかったりする様子。（ていたい）

聴衆よりも一段高いところに作られた場所。または、学校の教室で教師が立つために設けられた場所。（だんじょう）

ありふれていてつまらないこと、平凡な様子を指す。古くさいという意味もある。（ちんぷ）

あてもなくさまよい歩くこと。または、一カ所に定住せず転々とすること。（ほうろう）

食べ物や栄養が十分にとれず、飢える。比喩的に「なにかを強く求める」という意味でも使う。（きが）

○抑止

○添削

○犠牲

○鍛錬

○歪曲

○陪審

○緩和

力を使って誰かを抑えつけ、活動などを止めさせること。（よくし）

他人の文章や詩歌、答案などを確認した後、書き加えたり削ったりして、改め直す。（てんさく）

もともとは人や動物を殺して神に捧げる宗教儀式を指したが、最近は、ある重要な目的のためにすべてを投げうって尽くす意味で使われる。（ぎせい）

厳しい練習を続け、心身を強く鍛えること。狭義では「金属を打って強化する」という意味も。（たんれん）

事実をわざとゆがめて第三者に伝える。また、物をゆがめ曲げること。（わいきょく）

一般人が、専門家と一緒に裁判に参加し、有罪・無罪の判断を行う。（ばいしん）

厳しさや激しさの程度を和らげる。（かんわ）

13 読めそうで読めない！　この漢字（初級）

読み方とともに、意味もわかりますか？

○娯楽
○頒布
○輪郭
○毅然
○喫煙

心をなぐさめ楽しませるもの。（ごらく）

広く分けて行き渡らせることだが、狭義では法律などを発表し、広く知らせるという意味も。（はんぷ）

物を形作っている線。転じて、物事の大体のありさまという意味で使われる。（りんかく）

意志が強く、多少のことでは動揺しない様子。「毅然とした態度」など。（きぜん）

タバコを吸うこと。「喫」には、食べる、飲む、吸うなどの意味があ

○促進

○野蛮

○貼付

○一斉

○貫通

○三昧

り、「煙を吸う」から生まれた言葉。（きつえん）

物事が現状よりも早く進むように、さらに力を加える。（そくしん）

文化が開けず、未開な様子。または、無教養で荒っぽい状態や、荒っぽい人。（やばん）

貼りつけるという意味。「てんぷ」とも読むが、これは慣用読み。（ちょうふ）

同時にそろってなにかをする。複数の警察署が日時を決めて同時に取り締まりを行うという意味も。（いっせい）

端から端まで突き通す。転じて「物事を最後までやり遂げる」という意味で使う。（かんつう）

心のままに行う、あることに熱中する。もともとは仏教用語で、心を集中して動揺しない状態。「ゴルフ三昧」「贅沢三昧」など、他の名詞につくと「ざんまい」と濁る。（さんまい）

○**隔てる**

○**糊口**

○**封印**

○**波浪**

○**分泌**

○**随時**

○**遊説**

物と物の間や時間的に距離を置く。または、人間関係が希薄になる。
（**へだてる**）

貧しく細々と暮らすこと。「糊」はお粥で、それを食べざるを得ない状況のこと。
（**ここう**）

物が勝手に開かれたり、取り扱われたりするのを防ぐため、封じ目に印を押すこと。比喩的に、表に出さないようにすること。「封印した記憶」など。
（**ふういん**）

海で生まれる波や風、うねり、海岸や磯に打ち寄せる波などの総称。
（**はろう**）

生体の細胞が特殊な物質を細胞外に出す現象。「ぶんぴ」とも読む。
（**ぶんぴつ**）

日時に制限がないさま。たとえば「随時受付」は、いつでも受けつけるという意味。
（**ずいじ**）

自分の意見や主張を説いて歩く。狭義では、政治家が各地を演説

○稲穂

○怠ける

○摩天楼

○幾何学

○掌握

して回ること。（ゆうぜい）

米の実が入っている稲の穂という意味。「いねぼ」や「いなぼ」とも読む。（いなほ）

やるべきことをしない、働かない。また、元気や力がなくなる、鈍くなるという意味も。（なまける）

天に達する（摩する）かと思われるほど高いビル。「skyscraper」の訳語。（まてんろう）

図形や空間の性質を研究する学問。成立は紀元前三〇〇年頃にまで遡る。（きかがく）

手に入れること。または、自分の意のままに支配すること。（しょうあく）

14 読めそうで読めない！　この漢字（中級）

まさか、こんな読み方をするなんて！

○懇談
打ち解けてじっくり話し合う。「懇」には、「心を込める」「心が通じ合う」などの意味がある。

（こんだん）

○酪農
乳牛を飼育して牛乳やバター、チーズなどの乳製品を製造する農業。英語の「dairy」の訳語。

（らくのう）

○領分
領有する土地や地位。江戸時代には、一万石以上の大名の領地を指した。

（りょうぶん）

○迅速
行動や物事の進め方がきわめて速い様子。「迅」「速」ともに「速度がはやい」という意味。

（じんそく）

○山車

○由緒

○生業

○生地

○妥協

○丁寧

お祭りのときに引いて練り歩く屋台。人形や花などで装飾されているのが特徴。「さんしゃ」とも読む。

（だし）


ある物事のもともとの起こりや、物事が現在に至るまでのいきさつ。

（ゆいしょ）


生計を立てるための職業。「すぎわい」や「せいぎょう」とも読む。

（なりわい）


手を加えていない、もともとの性質。「パン生地」や「着物生地」などが代表。「せいち」と読むと、その人が生まれた土地、いわゆる出生地を指す。

（きじ）


主張や利害が対立している双方が譲り合い、一致点を見出して問題を解決すること。

（だきょう）


細かいところまで気を配ったり、礼儀正しく配慮が行き届いていたりする様子。

（ていねい）

○流布

○来賓

○雑魚

○土産

○釣果

○陽炎

○雪崩

○流石

真偽のほどや善し悪しは別にして、世間に広く知れ渡っていること。（るふ）

式や会などに招かれた客。来客を丁寧にいう語。（らいひん）

種々入りまじった小さい魚のこと。転じて、地位の低い者、取るに足らない者。（ざこ）

旅行先から持ち帰った物や、他家を訪問する際に持っていく贈り物。（みやげ）

魚釣りの成果、つまり釣れた魚の量。（ちょうか）

熱くなった地面の上や炎の上などを通して、遠くの景色が揺れたり形が歪んで見えたりする現象。（かげろう）

山の斜面に積もった大量の雪が急激に崩れ落ちる現象。（なだれ）

改めて感心する状況。または、あることについて一応認めるものの、それと相反する感情も持ち続けるさま。（さすが）

○猛者

○洒落

○自惚

○戯言

○塩梅

○手許

勇敢で元気な人。または、豊かで威勢のよい人。「もうざ」とも読む。（**もさ**）

服装や動作、しゃべり方などが垢抜けしていて洗練されている様子。また、その場を盛り上げるために口にする滑稽な文句も指す。（**しゃれ**）

自分が優れていると思い込み、一人で得意になっている様子。（**うぬぼれ**）

馬鹿馬鹿しい話やふざけた話。「ぎげん」や「けげん」、「ざれごと」とも読む。（**たわごと**）

もともとは料理の味加減を指していたが、転じて、物事や身体の具合や様子を表現する場合も。（**あんばい**）

手が届く周辺や身の回りのこと。転じて「暮らし向き」や「生活費」という意味も。（**てもと**）

15 読めそうで読めない！　この漢字（上級）

ここまで読めたら、有段者！

○初端
物事のはじめ、発端。

（しょっぱな）

○回向
死者の成仏を願う供養。もとは「自分の修めた功徳を他の人たちに向け、お互いが悟りを得る助けとする」という仏教用語。

（えこう）

○微酔
いい気持ちになる程度にお酒に酔う。「ほろ」は「少し」「なんとなく」という意味で、「微」は当て字。

（ほろよい）

○不束
気が利かない、行き届かない、不調法。「太くて丈夫」という意味も。

（ふつつか）

○胡座

○似非

○時化

○蛍雪

○詮索

○更迭

○時宜

両足を組んで楽に座るさま。正座の対語だが、「いい気になる」「図々しい」という意味でも使われる。（あぐら）

似てはいるが偽物、つまらない、取るに足らない、劣っているの意。（えせ）

強い風雨で海が荒れること。漁に出られない状態から、商売が思わしくない、客の入りが悪いという表現としても使われる。（しけ）

苦労して勉強すること。貧しくて照明用の油が買えず、蛍の光や雪の明かりで勉強して大成した偉人の話に由来。（けいせつ）

細かいところまで念入りに調べ上げること。あれこれ細かく憶測すること。（せんさく）

ある地位の人を他の人と替えること。狭義では、責任を取らせて辞めさせること。（こうてつ）

時がちょうどよいこと。タイミングとも言い換えられる。（じぎ）

○木乃伊

○境内

○進捗

○蚊帳

○剥奪

○浴衣

○梯子

○痕跡

原形に近い状態で保っている人間や動物の死体。死体を腐らせないための「mummie（オランダ語）」という防腐剤を漢訳した言葉。**（ミイラ）**

神社や寺院の敷地内。**（けいだい）**

物事のはかどり具合。「捗」は、仕事が速やかに進行するという意味。**（しんちょく）**

蚊などの害虫に安眠を妨害されないように、寝室に吊るして寝具を覆う布製のおおい。**（かや）**

誰かからはぎ取り奪う、または無理に取りあげる。**（はくだつ）**

入浴のとき、または入浴後に着る着物。もとは「湯《ゆ》帷子《かたびら》」と言った。夏のふだん着。**（ゆかた）**

高いところに登るための道具だが、店や場所を変えて飲み歩くのを「梯子をする」などとも。**（はしご）**

なんらかの出来事や活動が過去にあったことを表す、かすかな

○怨念

○催促

○語彙

○訃報

○奔走

跡。体内で起きる生理的変化も含まれる。

（こんせき）


恨みがこもった思いや恨みに思う気持ち。「怨念を晴らす」などと使う。

（おんねん）


物事を早くするように促すこと。狭義では、借金の返済やお金の支払いを迫る意味も。

（さいそく）


もともとは「単語の集まり」という意味だったが、現在は、ある人の言葉や文章に使われる単語の数が豊富なことを表す場合が多い。「語彙力」など。

（ごい）


知人や友人、親族などが死去したという知らせ。

（ふほう）


物事がうまく運ぶように、あちこち駆け回って努力すること。かつては「大切にする」「かわいがる」という意味でも使われた。

（ほんそう）

2章

身の回りの漢字

——野菜や果物、動物や魚……漢字になると摩訶不思議！

1 花の漢字、なんて読む？

あの花の漢字は、こんなに難しかった！

○紫陽花

○女郎花

○百合

「紫陽花」の字は、平安時代中期の書物に登場している。中国唐代の漢詩からとったものだが、実は別の花を指していたという説が有力。

（あじさい）

枝の先端部に咲く黄色い花が圧倒的に美しいため、この字があてられたとか。

（おみなえし）

名の由来は、風に吹かれて花がゆらゆらするから「ユリ（揺り）」。また、鱗状の葉が無数（百）に重なり（合）、地下茎を形成しているため。

（ゆり）

○薊

○沈丁花

○薔薇

○苧環

○秋桜

○睡蓮

○菫

葉に多くの切れ込みやトゲがあるのが特徴で、赤紫色の花をつける。「薊」とは魚の骨のようなトゲの意味。

（あざみ）

よい香りの花をつけ、それが香料の沈香《じんこう》と丁字《ちょうじ》に似ていることからこの字になった。

（じんちょうげ）

枝にトゲがあり、香りの強い花をつける。世界中に約二〇〇〇種が分布している。

（ばら）

日本原産で、花の形が紡いだ麻糸を丸く巻いた苧環のように見えて、この漢字があてられた。

（おだまき）

メキシコ原産で、日本へは明治二〇年頃に渡来。夏から秋にかけて咲くためにこう表記。

（コスモス）

ハスに似た花が夜になると閉じる（睡）ことに由来。

（すいれん）

花の形が大工道具の「墨壺」に似ていることからの命名。「菫」は当て字。

（すみれ）

2 木の漢字、なんて読む？

公園や山登りで見かけた木の漢字を覚えよう！

○木蓮

中国原産の樹木で、三～四月にかけて蓮のような大形の赤紫色の花をつける。
（もくれん）

○棕櫚

南九州が原産地のヤシ科の常緑樹で、五メートル以上に育つ。扇状の大きな葉が特徴。
（しゅろ）

○柊

卵形で厚く、縁にトゲが並ぶ葉が特徴の常緑樹。このトゲを鬼が嫌うとされ、節分には悪鬼払いとして鰯の頭とともに利用される。

（ひいらぎ）

○白檀

インド原産の常緑樹で、幹の中心部は白く強い香りがあり、古く

○欅

○楢

○栂

○栃

○落葉松

○梔子

から香料として珍重されてきた。（びゃくだん）

ニレ科の落葉樹で、名は「けやけき（きわだっている）木」が由来とされる。（けやき）

ブナ科の落葉樹で、カシワ、ナラガシワ、コナラなどの別名もしくは総称として使われる。（なら）

マツ科の常緑樹で、大きく育ち、幹の強度が高いため、昔から重要な建築資材として使われてきた。（つが）

高さ三〇メートルにも達する落葉樹。種子は苦いが、トチモチなどの材料になる。（とちのき）

寒冷地を好むマツ科の高木で、落葉する（赤松や黒松などは常緑樹）ので、この字があてられた。（からまつ）

初夏に香りのよい白花をつける。果実が熟しても割れない（口を開かない）ので「くちなし」と呼ばれるようになったという。（くちなし）

3 淡水魚の漢字、なんて読む？

魚釣りが、ますます楽しくなる!?

○鮒

○鯉

○目高

○追河

コイ科の小型魚で、コイに似ているが、口ひげがなく、体の幅が狭い。「鮒」は漢語。 **（ふな）**

別名を「六六魚《りくりくぎょ》」と言う。側線上のウロコが三六枚あるとされ、六×六＝三六に由来する。 **（こい）**

大きな目が顔の上方（高いところ）にあって、こう呼ばれるように。 **（めだか）**

ヤマベやハエなどの別名があり、原産地は四国。アユの放流とともに全国各地に広まっていった。 **（おいかわ）**

○香魚

○山女

○岩魚

○石斑魚

○鰍

○公魚

○鯰

「鮎」とも書くが、爽やかな香りと食味のよいところから、このような字に。

（あゆ）


渓流に棲むマスの一種で、サクラマスの陸封型（一生を淡水域ですごす）。女性のように優雅な姿に由来。

（やまめ）


ヤマメよりも上流に生息する。岩陰に隠れて獲物を待つ習性がある。

（いわな）


コイ科の淡水魚で、鵜が好むため「うぐい」と呼ばれるようになったとも。

（うぐい）


鹿肉のように美味しくて「河鹿《かわしか》→かじか」と呼ばれる。

（かじか）


幼く弱々しく見えるので、「若魚（わかさかな→わかさぎ）」に。「公」にも「若い」という意味がある。

（わかさぎ）


流れの緩やかな川や湖沼の砂泥底に棲む夜行性の肉食魚。「念」にはヌルヌルの意味が。

（なまず）

4

海水魚の漢字、なんて読む?

お寿司屋さんで自慢できるかも!?

○鰺

主にマアジを指す。味のよい魚だからついた名という説も。(**あじ**)

○鯖

マサバとゴマサバの総称。体が青々としているため、この字があてられたとか。(**さば**)

○鮫

骨のすべてが軟骨でできたサメ形魚類の総称。「鮫」の字は、子どもを腹の中で育てることを表している。(**さめ**)

○鮪

体の色が真っ黒なので「まぐろ」と呼ばれるとか、多くの肉が「有る」からなど、諸説ある。(**まぐろ**)

○鮃

体の左側に目のある魚種がヒラメで、右側にあるのがカレイ。

○鰆

○鱸

○鰰

○鰊

○鯒

○鯱

「鮃」の字は、文字どおり体が平らだから。（ひらめ）

出世魚の一種で、サゴシ、ナギ、サワラと名を変える。春先が旬なので「鰆」。（さわら）

体調一メートルにも達する大型魚。「鱸」とは黒という意味で、すずきの体の黒点を表しているという。（すずき）

とくに秋田地方で好まれ、はたはた料理は有名。雷が多い時期に獲れるので「鰰（神は雷鳴という意味）」と呼ばれるそう。（はたはた）

数の子がとれる魚として知られる。（にしん）

砂底に棲む白身の高級魚。敵に遭遇して飛び跳ねる様子から「踊」に似た字があてられた。（こち）

漁に手間がかかり、手助け（助っ人）が必要だったためにこう呼ばれるようになったという説も。海の低層を泳ぐために「底」がついたとか。（すけとうだら）

5 水棲動物の漢字、なんて読む？

漢字からイメージをふくらませましょう

○海豚

○河馬

○海鼠

○鯨

小型のハクジラ類の総称で、なかには人間なみの高い知能を持つ種もいる。姿が豚に似ていることに由来。**（いるか）**

サハラ砂漠以南のアフリカに生息し、体重が大きな個体になると二トンを超える大型哺乳類。**（かば）**

大きなイモムシ形の生物で、ネズミのように夜に活動するため「海鼠」という字があてられたという。**（なまこ）**

地球上で最も大きく育つ哺乳類のため、大きな数を表す「京」という文字が使われたという。**（くじら）**

○鰐

○鯱

○水母

○海豹

○海象

○海鞘

○膃肭臍

生きた化石とも言われる。中生代に繁栄した種と形態がほとんど変化しないまま生存している爬虫類の一種。**（わに）**

体長約七メートル。なかには一〇メートルにも達し、イルカやアザラシ、クジラまで襲って食べることがある。**（しゃち）**

由来は諸説あるが、化け物のように水中に浮遊しているので、「くらばけ→くらげ」と変化したという。「海月」とも。**（くらげ）**

アザラシ科の総称。「豹のような文様がある海の生物」で、「海豹」の文字があてられた。**（あざらし）**

オスは体長三・六メートル、体重一・六トンにもなる。象のように大きいので「海象」。**（せいうち）**

岩について動かないため「寄生」という意味を持つ「ほや」と呼ばれるように。**（ほや）**

アシカ科の哺乳類。北太平洋の小さな島に一夫多妻のハーレムをつくって暮らす。**（おっとせい）**

6 動物の漢字、なんて読む？

図鑑でも、漢字の表記はなかなか見かけませんね

○駱駝
○狒狒
○避役
○犀
○川獺

「駱」は「外来の馬」、「駝」は「荷物を背負う」という意味。（**らくだ**）

ヒヒ属とゲラダヒヒ属の総称。「狒狒」は、叫び声がこう聞こえるのに由来するという。（**ひひ**）

「避役」は古代中国の想像獣で、体色を自由に変えられたので、この字があてられた。（**カメレオン**）

「犀」という字は「牙が鋭い」の意。その牙を目当てに乱獲、密猟され、絶滅が危惧されている。（**さい**）

人を襲うという伝承があり、川に棲む恐ろしい動物という意味

○羚羊

○麒麟

○鼯鼠

○人鳥

○海狸

○長尾驢

○鼬

の「かわおそ」が転訛したとも。（かわうそ）

本来「羚羊」はアンテロープを指していたが、後にカモシカと混同され、この字があてられた。（かもしか）

「麒麟」は想像上の動物。キリンはジラフと言って関連性はなかったが、この漢字があてられた（キリン）

空を飛ぶため胴体が細く、そこから「身細《みささび》→むささび」と転訛したという。「ももんが」も同じ漢字。（むささび）

歩く姿が人に似ている鳥で、この字があてられた。（ペンギン）

ネズミの仲間だが、体長は一メートルを超えることも。肥えていて「狸」という字が使われた。（ビーバー）

オーストラリアやニューギニアにのみ生息する有袋類。長尾驢とは尾の長いロバという意味。（カンガルー）

魚を食い尽くしてしまうため「魚絶《うおた》ち→いたち」と転訛したという説も。（いたち）

7 野菜の漢字、なんて読む？

野菜を見て、漢字が浮かべばたいしたもの！

○葱
○生姜
○蕪
○干瓢

中国西部またはシベリア原産のユリ科の多年草。もとは長ねぎを指すが、玉の形をしたものも「玉ねぎ」と言う。

（ねぎ）


「姜」は「強い」の意味。古くなるほど辛みが強くなるので命名されたという説も。

（しょうが）


スズナとも呼ばれ、春の七草のひとつ。京都名物の千枚漬けは、江戸時代の天保年間頃に始まった。

（かぶ）


ユウガオの実を細長く切り、乾燥させたもの。瓢はユウガオという意味。

（かんぴょう）

○隠元

○慈姑

○玉蜀黍

○和蘭三葉

○青梗菜

○牛蒡

○菠薐草

隠元禅師が伝えたとされる。ただし、実際に禅師がもたらしたのはフジマメではと言われる。（**いんげん**）

慈悲深い姑が幼子に乳をあげている姿に似ていて、この字があてられた。縁起物として利用される。（**くわい**）

米、小麦とならぶ世界三大穀物。「蜀」から伝わった玉のように立派な黍《キビ》という意味。（**とうもろこし**）

オランダから持ち込まれた三つ葉の野菜なので、「オランダミツバ」の名もあり、「和蘭三葉」という字があてられた。（**セロリ**）

「青梗菜」は中国名。「チンゴンツァイ」が「チンゲンサイ」に転じた。（**チンゲンサイ**）

「蒡」という草に似ているが、「蒡」より大きい（牛という字で表す）ので「牛蒡」となった。（**ごぼう**）

「菠薐国（ペルシアまたはネパール）」から渡来した草という意味。（**ほうれんそう**）

8 果物の漢字、なんて読む？

おいしい果物も、漢字だとなんだか印象が変わります

○杏子

○西瓜

○林檎

○八朔

中国原産で、「杏」は木の名前、「子」は実で、これを唐音読みした。（あんず）

原産地は中央アジア。中国の西方から渡来した瓜で「西瓜」と名づけられた。（すいか）

林から鳥（檎）を呼び寄せるほど実がおいしいため、「林檎」と名づけられたとか。（りんご）

八朔とは陰暦の八月一日。この頃に実が熟すので、こう呼ばれるように。（はっさく）

○枇杷

○葡萄

○通草

○桜桃

○甘蕉

○無花果

○茱萸

五～七月に収穫される黄橙色の甘い果実。楽器の琵琶に形が似ていたという説も。 **（びわ）**

中央アジア原産で「ブーダウ」と呼ばれていたものが「ぶどう」に変化し「葡萄」が当て字された。 **（ぶどう）**

熟すと口を開けるので「開け実→あけび」に。また、蔓が空気を通すため「通草」の字があてられた。 **（あけび）**

「桃」という字が使われているのは、かつてすべての果実を「桃」と呼んでいたから。 **（さくらんぼ）**

バショウ（蕉）科の常緑多年草に実る甘い果実で、この字があてられた。 **（バナナ、かんしょう）**

一見すると花を咲かせず（外からは見えない）に実をつける。そこで、この字があてられた。 **（いちじく）**

日本に自生し、果実は少し渋みがあるが食べられる。「黄《キ》実《ミ》」が転じた説がある。 **（ぐみ）**

9 キノコの漢字、なんて読む？

どんな種類のキノコか、想像してみよう！

○木耳

○椎茸

○皮茸

○占地

人の耳に似ているから。実は、英語でも「ユダヤ人の耳」と呼ばれている。
（きくらげ）

椎の枯れ木によく生え、「椎の木に生えるキノコ→椎茸」と呼ばれるようになったとか。
（しいたけ）

精進料理などで使われるキノコ。かさの裏に密集している針が野獣の毛皮に似て皮茸と呼ばれ、それが「コウタケ」という読みに変化した。
（こうたけ）

繁殖力が強く、地面がこのキノコで占められる。店頭で売られて

○榎茸

○舞茸

○滑子

○天狗茸

○猿腰掛

いるヒラタケはしめじと似ているが別物。（**しめじ**）

店頭で見かける榎茸はひょろりと細長く白いが、これは栽培物。天然物は褐色で、カサが大きく柄も短い。名は、榎の枯れ木によく生えることに由来。（**えのきたけ**）

野生の舞茸は希少で、見つけた人がその場で踊り出し（舞い）たくなるほど喜んだという。（**まいたけ**）

ぬめりが多く「滑《なめ》らっ子《こ》」と呼ばれていたが、それが「なめこ」に。（**なめこ**）

赤みの強い姿が、天狗の顔色を想像させることに由来しているとか。猛毒なので要注意。（**てんぐだけ**）

サルが腰をかけるのにちょうどよい椅子のように見えたから。大きいものは直径一メートルに達することも。（**さるのこしかけ**）

10 調味料や食材の漢字、なんて読む？

台所にも、読むのが難しい漢字がこんなにも！

○豆板醤

○胡椒

○醤油

○味醂

発芽した空豆（豆板）で作った味噌にトウガラシや塩を混ぜて発酵（醤）させたもの。（**トウバンジャン**）

中央アジアからもたらされたので、胡（西方の異民族）のサンショウ（椒）と古代中国で命名。（**こしょう**）

醤（発酵させた大豆など）を絞って抽出する油のような液体。（**しょうゆ**）

蜜がしたたるように甘い酒のことを中国で「密醂」と言い、それが伝来して「味醂」に変化した。（**みりん**）

○和蘭芹

○乾酪

○花椒

○薄荷

○魚醤

○塩魚汁

○粗目

和名を「オランダゼリ」といい、和蘭《オランダ》芹という字があてられた。（パセリ）

「酪」は牛や羊などの乳から作られた飲料のことで、そこから水分を抜いた（乾）食品という意味。乾酪はチーズの訳語。（チーズ）

「花」という字が使われているが、カホクザンショウの果皮を乾燥させた香辛料。（ホワジャオ）

葉を蒸留してハッカ油を抽出するとわずかな量にしかならず、「荷」物が少なく（薄）なるから。（はっか）

「醤」は発酵食品という意味。魚を発酵させて作られた調味料ということから命名。（ぎょしょう）

秋田で愛用される魚醤。ハタハタ（魚）を塩漬けして発酵させて作られるのに由来する。（しょっつる）

結晶の粗い砂糖のこと。「粗目糖《ざらめとう》」が粗目に転じた。（ざらめ）

11 食器や調理器具の漢字、なんて読む？

ふだん使っている道具も、漢字になると難しい！

○蓮華

○笊

○徳利

○俎

散った蓮の花びらに似ているために「散蓮華《チリレンゲ》」と呼ばれていたものが「蓮華」になった。（れんげ）

「笊」は竹で編んだ器。かつて、蕎麦などを盛るザルが竹で作られていたのに由来。（ざる）

韓国語で「酒壺」を意味する「トックール」に由来、また、酒を注ぐときの「とっくとっく」という音に由来するという説も。「徳利」は当て字。（とくり、とっくり）

もともとは、儀式や祭宴のときに生贄を載せる木製の台。これが

○束子
○蒸籠
○丼鉢
○御櫃
○箆
○薬缶
○匙

食材を載せる台の意に転じた。（まないた）

ワラやシュロの毛などを「束」ねて作られているため、この字があてられた。（たわし）

蒸し料理をするときに使う調理器具。（せいろう、せいろ）

突《つ》っ慳貪《けんどん》な態度で盛り切りの料理を出す店が繁盛して、「けんどん振りの鉢」と言われ、それが略されて「丼鉢」に。（どんぶりばち）

「櫃」は蓋のついた木製容器。米（飯）という大切なものを入れておくため「御」がつけられた。（おひつ）

「箆」は「竹を細長く平たくしたもの」という意味。へらがそのような形をしていることから。（へら）

薬草などを煮出す道具で、「薬罐《やくくわん》」と呼ばれていたものが「やかん」に転訛し、「薬缶」の字があてられるように。（やかん）

もとは「茶匙」で「さじ」と読み、お茶などの粉末をすくい取る道具を指した。それが略され「匙」に。（さじ）

12 料理の漢字、なんて読む？

漢字が読めると、お腹がすいてくる!?

○拉麺

○麻婆豆腐

○蜆汁

○御御御汁

「拉」は引っ張る、「麺」は小麦粉。つまり、小麦粉を引き延ばした料理の意味に。（ラーメン）

中国の四川省に実在した、顔にあばた（麻）のある老女（婆）が最初に作った料理という。（マーボーどうふ）

煮ると身が縮むため、「ちぢみ→しじみ」に転訛したとされる。（しじみじる）

「おみ」とは味噌、「おつけ」とは汁を表す女房言葉（室町時代の女性の言葉）。（おみおつけ）

○雲呑

○焼売

○叉焼

○鶏素朧

○垢穢鍋

○鹿尾菜煮

○雑炊

スープに浮かぶワンタンが空に浮かぶ雲のように見え、それを飲む(呑)と幸せになれるという伝承から。**(ワンタン)**

中国では「焼麦」とも書き、麦の穂を焼いた形に似ていたのが由来という説も。**(シュウマイ)**

「叉」には「物を突く」という意味があり、もともとは肉を串刺しにして焼いた料理を指した。**(チャーシュー)**

「朧」は「細かくほぐす」なので、それよりもやや荒く(素)ほぐしたことから「素朧」という。**(とりそぼろ)**

クエの体には不規則な紋が並んでいるが、垢がついて汚れているように見えるため。**(くえなべ)**

生のひじきが鹿の黒くて短い尻尾に似ていたから、この字をあてられたとか。**(ひじきに)**

米(飯)に刻んだ野菜などを入れて一緒に炊いた料理。水を加えてご飯の量を増やすことから、もとは「増水」と書いた。**(ぞうすい)**

○粥

○水雲

○雲丹

○蒟蒻

○蒲鉾

○最中

○善哉

米、麦、豆、そばなどを水でやわらかく煮たもの。消化がよく、離乳食や病気のときの食事に向く。（かゆ）

海の中でゆらゆら揺らいでいるところから雲を連想して「水雲」という字があてられた。（もずく）

ウニは全身にトゲがある棘皮動物。ウニを加工した食品が雲丹とされる。（うに）

コンニャクイモから作られる。おでんや煮物の具として、また串を刺して味噌田楽などにする。（こんにゃく）

魚肉のすり身を材料にして加熱した練り製品。そのままで食べたり、汁物や煮物に使ったりする。（かまぼこ）

形が満月を意味する「最中の月」（陰暦十五夜の月）に似ていたので、こう呼ばれる。（もなか）

関東では道明寺餅や白玉餅に餡をかけたもの。関西ではつぶし餡のお汁粉をいう。（ぜんざい）

○心太

○外郎

○雁擬

○竹輪

○御強

テングサやオゴノリなどの海藻を材料にして作られる寒天を糸状にした食べ物。（ところてん）

和菓子の蒸し菓子。米粉などに砂糖と湯水を練り合わせて蒸しあげる。各地の名物になっている。（ういろう）

くずした豆腐に山芋、ニンジン、昆布などを混ぜて揚げたもの。味が雁に似ているのでこう呼ばれたという。関西では「飛竜頭《ひりょうず》」とも呼ばれる。（がんもどき）

魚肉のすり身にでんぷんなどを加えて、竹や鉄棒につけて焼いたもの。切り口が竹の輪に似ているからという説が有力。（ちくわ）

強飯《こわめし》の女房言葉が一般になったもの。赤飯も御強の一種とされる。（おこわ）

13 仕事で使う漢字、なんて読む？

すらすら読めると、「仕事ができる人」に近づく！

○足枷
足手まといになるもの。もともとは罪人の足にはめて自由を束縛した道具。

（あしかせ）

○隘路
狭く険しい道。ビジネスシーンでは、物事を進めていく際の妨げや障害、困難などをいう。

（あいろ）

○迂闊
物事の事情に疎いこと。また、注意が足りず、ぼんやりしている様子。

（うかつ）

○卸売
メーカー（生産者）や輸入業者から商品を仕入れ、小売業や同業者に販売する仕事。いわゆる「問屋」。

（おろしうり）

○寡占
○活況
○監査
○失脚
○借款
○償却

市場が少数の売り手に支配されている状態。一社だけの支配は「独占」という。

（かせん）


景気がよく、活気のある様子。株式市場から商店街まで幅広く使われる。

（かっきょう）


監督し、検査すること。企業を例にとれば、業務監査と会計監査がある。

（かんさ）


地位や立場を失うこと。本人の失敗が原因の場合もあるが、罠などによって陥れられることも少なくない。

（しっきゃく）


一般的には国際間の資金の賃借で、政府借款と民間借款に分けられる。「款」には法律や条文の箇条書きという意味がある。

（しゃっかん）


つぐないかえすこと。借金などをすっかり返すこと。「減価償却」は、ある資産が、使用するにつれて財としての価値が減るのを費用に計上すること。

（しょうきゃく）

○嘱託

○序列

○出納

○相殺

○談合

○詰腹

仕事を頼んでまかせること。ある能力を見込まれて、特定の仕事を依頼された人を指す。

（しょくたく）

順序のこと。官庁や企業での「年功序列」は勤続年数や年齢によって、地位や賃金が上がっていく仕組み。

（じょれつ）

金銭・物品の出し入れ。また、支出と収入。それらが記録された書類が出納簿《すいとうぼ》。

（すいとう）

お互いに損や得がないようにすること。差し引きで帳消しにすること。

（そうさい）

もともとは、相談や話し合いをすることだが、メディアがニュースとして取り上げるのは「競争入札」で、入札者が価格などをあらかじめ話し合って決めること。

（だんごう）

強制的に辞職させられるような、本意ではない責任を取らされること。「武士が強いられて、やむを得ず切腹すること」が語源。

（つめばら）

○登記簿
○簿記
○墨守
○名刺
○稟議書

不動産登記、商業登記など、私法上の権利に関する点を第三者に示すために記載する公の帳簿。（とうきぼ）

経済主体の活動を一定の方法で帳簿に記録・計算し、損益の発生や財産の増減を明らかにする方法。（ぼき）

古い習慣や自説を守り続けること。中国の戦国時代に宋の墨子《ぼくし》が城を固く守り通した故事に由来する。（ぼくしゅ）

社名や部署名、役職、氏名、住所などを印刷したカード。名刺交換の際は、目下の者から差し出すのがビジネスマナー。（めいし）

官庁や企業などで、会議を開くほどの事項ではないが、関係者の承認を得る必要があるために回す書類。しばしば押印欄が用意されている。（りんぎしょ）

14 事件に関する漢字、なんて読む？

ニュースで聞き慣れていても、いざ漢字になると……

○容疑者

警察などから、犯罪者の疑いを受けている人が被疑者。メディアでは、原則として起訴されるまでの被疑者を「容疑者」としているケースが多い。

（ようぎしゃ）

○逮捕

被疑者の逃亡や証拠隠滅を防ぐために、強制的に身柄を拘束する処分。逮捕状が必要な通常逮捕の他、緊急逮捕、現行犯逮捕がある。

（たいほ）

○冤罪

本当は無実なのに、嫌疑をかけられたり、罰を受けたりすること。

（えんざい）

○**失踪**

○**贈賄**

○**絞殺**

○**致死**

○**首謀者**

○**共犯**

○**強盗**

行方をくらます、または行方がわからないこと。「失踪宣告」は、生死不明の者に関わる法律関係を一旦確定させる制度。 **（しっそう）**

わいろを贈ること。一方の受け取る側は「収賄《しゅうわい》」。どちらも罪に問われる。 **（ぞうわい）**

紐などで首を絞めて殺すこと。手で首を絞めて殺すのは「扼殺《やくさつ》」という。 **（こうさつ）**

死に至らせること。たとえば、殺意はなくても交通事故で相手を死亡させると、業務上過失致死罪に問われる。プロの運転手にかぎらず、一般のドライバーでも運転は「業務」とされる。 **（ちし）**

悪事や陰謀を企てた人物。 **（しゅぼうしゃ）**

二人以上が共同で犯罪を行うこと。また、行った者。 **（きょうはん）**

暴力や脅迫などの手段で他人の金品を奪うこと。 **（ごうとう）**

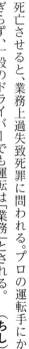

○詐欺

他人をだまして金品を奪ったり、損害を与えたりすること。架空請求詐欺、結婚詐欺、オレオレ詐欺、リフォーム詐欺など、手口はさまざまある。

（さぎ）

○出頭

役所や警察署、裁判所などに本人が出向くこと。裁判所から出頭命令が出て、正当な理由なく応じない場合は勾引《こういん》されることもある。

（しゅっとう）

○留置場

逮捕された人の身柄を拘束する施設。警察署に設置されている。

（りゅうちじょう）

○拘置所

被疑者や被告人を収容するための施設。法務省の管理下にある。

（こうちしょ）

○脱獄

囚人が刑務所から脱走すること。

（だつごく）

○誘拐

人をだまして誘い出したり、連れていったりすること。刑法では「略取《りゃくしゅ》＝奪いとること」とあわせて犯罪として定められている。

（ゆうかい）

○身代金

人身と引き換えに渡すお金。誘拐事件で犯人側から要求されるケースが多い。（みのしろきん）

○送検

犯罪容疑者の身柄、また、捜査書類や証拠物件を警察から検察庁に送ること。メディアでも「被疑者の身柄が送検された」「書類送検された」といった表現が使われる。（そうけん）

○放火

火事を起こす目的で火をつけること。（ほうか）

○清廉潔白

心が清く、やましいところのないこと。（せいれんけっぱく）

○隠匿

隠したり、かくまうこと。犯人を隠匿すると重罪になる。（いんとく）

○名誉棄損

他人の名誉を傷つけること。（めいよきそん）

○召喚

裁判などで、証人や被告を呼び寄せることをいう。（しょうかん）

15 身体に関する漢字、なんて読む？

体のどの部分か、わかりますか？

○眦

○瞼

○睫毛

○親不知

○髭

めじりのこと。「眦を決する」は、目を見開き、「決意してことに臨む」様子をいったもの。

（まなじり）

目を覆って開閉する皮膚のこと。

（まぶた）

瞼《まぶた》のふちにある毛。

（まつげ）

歯の並びで、最も奥に位置する上下左右四本の歯。大人になってから生える人も多いため「親不知」と呼ばれる。まったくない人や埋もれたままのケースも少なくない。

（おやしらず）

ひげのなかでも、とくに「口ひげ」を表す。ちなみに「あごひげ」は

○鎖骨

○肩甲骨

○肘

○鳩尾

○骨髄

○肝臓

「鬚」、「ほおひげ」は「髯」と表記する。 **（ひげ）**

肩と胸骨をつなぐ骨。比較的、折れやすい骨で、転んで肩や肘をついたときに骨折するケースもある。 **（さこつ）**

肩に一対あり、後ろから肋骨を覆っている三角のような形をした骨。 **（けんこうこつ）**

腕の中ほど、上腕と前腕との間にある関節。 **（ひじ）**

胸の真ん中のへこんだところ。「みずおち」とも読む。人の身体にとっては急所。 **（みぞおち）**

骨の中にある柔軟な組織。造血組織であり、赤血球、白血球、血小板などが休むことなくつくられている。 **（こつずい）**

①摂取した栄養素を合成、貯蔵、供給する代謝機能、②有害物質などを解毒・分解する機能、③消化吸収に必要な胆汁をつくる機能、と主に三つの機能を持つ臓器。アルコールの分解もするため、お酒を控える日を「休肝日」と称す。 **（かんぞう）**

○腎臓

○胃下垂

○麻疹

○虫垂

○膀胱炎

○脱臼

体内の老廃物を処理し、「尿」として排泄する臓器。（じんぞう）

胃が正常の位置よりも垂れ下がっている状態。原因が特定できないこともあり、胃下垂そのものを病気としない考え方もある。（いかすい）

ウイルス性の急性感染症の一種。感染力が強く、完治するまで職場や学校など人の集まる場所には行けない。（はしか）

盲腸の下部にある細い管状の小さな突起。ここが炎症を起こすのが「虫垂炎」だが、一般には「盲腸炎」と呼ばれることが多い。（ちゅうすい）

症状として、排尿時の痛み、残尿感、頻尿などがある。予防法としては、冷えや疲れを避け、水分を多めに摂り、尿意を我慢しない、などがあげられている。（ぼうこうえん）

骨と骨とをつなぐ関節がはずれた状態。当然、正常な位置に戻すための治療が必要となる。（だっきゅう）

○疼痛

○悪寒

○解熱

○捻挫

○擦過傷

○脛

○踵

うずくような痛みのこと。（とうつう）

発熱したときに感じるゾクゾクとした寒気。（おかん）

熱を下げること。「解熱剤」などと使われる。（げねつ）

関節をくじくこと。激しい運動をしなくても、階段を踏み外すだけでも捻挫は起こる。とくに高齢者は要注意。（ねんざ）

切り傷や擦り傷。「ほんのかすり傷」と油断すると思わぬ感染症にかかるケースもある。流水で洗うなど患部を清潔にし、消毒しておくことも大切。（さっかしょう）

膝《ひざ》から踝《くるぶし》までの部分。「親の脛をかじる」「脛に傷を持つ」など慣用句にも登場する。（すね）

足の裏の後部。「踵の高い靴」のように履物に使われることもある。（かかと）

3章

和の伝統を感じる漢字

——暦や年中行事……暮らしの知恵が伝わってくる!

1 暦や四季についての漢字、なんて読む？

季節の変化を漢字とともに味わいましょう

○芒種

二十四節気のひとつで六月六日頃。「芒《のぎ》」とは稲や麦の穂先にある針のような毛。これらの作物の種を蒔く時期とされる。

（ぼうしゅ）

○黄昏

人の顔が見分けにくくなるほど薄暗くなり、「誰そ彼（たそかれ＝あれは誰）」と言ったのが由来とか。

（たそがれ）

○赤口

陰陽道に基づく凶日のこと。

（しゃっこう）

○晦日

新月の頃を指すことから、太陰暦で月の終わりを指すように。一二月の最終日は大晦日。

（みそか）

○**凩**

○**処暑**

○**悴む**

○**時雨**

○**啓蟄**

○**五月雨**

○**凪**

冬の季節風の先駆けとして吹く、冷たく強い北寄りの風。木を吹き枯らすことに由来し、「木枯し」とも。　**（こがらし）**

二十四節気のひとつで、八月二三日頃。この日を境にして暑さが和らいでいくとされている。　**（しょしょ）**

「悴」とは「痩せ衰え弱る」という意味。寒さに震えるさまが、この様子に似ているため。　**（かじかむ）**

晩秋から初冬にかけて降ったりやんだりする小雨。「過《す》ぐる」が転訛したと言われる。　**（しぐれ）**

二十四節気のひとつで、三月六日頃。「冬籠りしていた虫が這い出してくる」と伝えられる。　**（けいちつ）**

陰暦五月に降る長雨で、梅雨を指す。「さみだれ」とは「少しずつ繰り返し降る」という意味で、五月雨は当て字。　**（さみだれ）**

風がやんで波がなくなり、海面が静まること。もとは「安定して平穏な状態」だった。　**（なぎ）**

2 季節の行事や草花、昆虫などの漢字、なんて読む？

そのタイミングでしか、味わえないものがあります

○左義長
小正月（一月十五日）に行われる火祭りの行事。正月飾りやお札などを焚きあげる。「どんど焼き」とも。

（さぎちょう）

○針供養
古い針や折れた針を集めて神社に奉納し、供養する行事。
（はりくよう）

○東風
春に、東や北東から吹いてくる風。
（こち）

○蒲公英
春の野原で最もよく目にする花のひとつ。種子が白い綿毛をつけ、風で飛ぶのが特徴。
（たんぽぽ）

○朧月夜
薄いベールをかぶったように朧にかすんだ春の月を表す言葉。

○粽

○団扇

○蜩

○灯籠流し

○竈馬

（おぼろづきよ）

もち米などを笹の葉で包んで、蒸した食べ物。端午の節句に供える。

（ちまき）

夏などに涼をとるために、手であおいで風を起こす道具。

（うちわ）

晩夏から初秋に美しい声で鳴く蜩。夕方に鳴くことが多いから。

（ひぐらし）

盆の終わりの夜、蠟燭《ろうそく》を灯した灯籠を川や海に流す行事。

（とうろうながし）

便所コオロギなどとも呼ばれる小さな昆虫。よく飛びはねるのが名の由来。

（かまどうま）

3 年中行事に関する漢字、なんて読む？

伝統の力を感じる漢字が集合！

○盂蘭盆

○門松

○棚機

○灌仏会

七月一五日を中心に祖先の冥福を祈る仏教行事。旧暦の七月一五日に催される地域も多い。

（うらぼん）

正月、歳神様を家に迎えるための依代《よりしろ》（神様が降臨する場所）として門口に立てる松飾り。

（かどまつ）

織り姫のことを「棚機津女《たなばたつめ》」と言ったため。「七夕」は宮中行事の名前で、後年に棚機と混同されたもの。

（たなばた）

釈迦尊の誕生日とされる四月八日、誕生仏に香水や甘茶などをかける仏教行事。「花祭り」とも言う。

（かんぶつえ）

○注連縄

○屠蘇

○菖蒲湯

○雪洞

○内裏

○御神輿

神をまつる神域と下界との境に張る縄。「注連」とは、水を「注」いで清めた縄を張る（「連」ねる）という意味。正月には一般家庭の玄関にも飾られる。

（しめなわ）


「屠」は「鬼や邪気を払う」、「蘇」は「魂を目覚めさせる」という意味。年始には、無病息災や長寿を願って、屠蘇散（薬）を入れた酒を飲む。

（とそ）


菖蒲の強い香りが邪気を払うと考えられ、五月五日には菖蒲の葉を刻んで入れた風呂に入った。

（しょうぶゆ）


雛祭に飾る小さな行灯《あんどん》。形が雪の洞穴に似ているための当て字。

（ぼんぼり）


もともとは天皇の住まいだったが、転じて天皇を指すようになり、雛祭の男雛という意味にも。

（だいり）


神霊が移動する際の乗り物で、祭礼のときなどに担ぐ。「御《お》」と「神《み》」は敬意を表す。

（おみこし）

4

自然現象についての漢字、なんて読む？

雨や風も、多様な漢字で表現されます！

○不知火

九州の有明海や八代海で見られる怪光現象。「不知」は「なにかからない」の意味がある。（しらぬい）

○天泣

雨を涙にたとえ、雲がないのに降る雨のこと。「狐の嫁入り」や「天気雨」とも。（てんきゅう）

○霙

溶けかけた雪と雨が混ざって降るもの。花びらのように美しく見えるため、花びらという意味を持つ「英」と「雨」が組み合わされた。（みぞれ）

○東雲

東の空が明るくなる夜明け頃。もとは「篠の目」という篠竹で作

○**貝寄風**

○**糠雨**

○**極光**

○**雹**

○**鎌鼬**

○**南風**

られた明かり取りを指し、そこから指す光が夜明け頃のように淡いため。

（しののめ）


三月頃に吹く冷たい西風。聖徳太子を偲ぶ法要「聖霊会」で献じる造花は、この風で打ち上げられた貝殻で作られる。

（かいよせ）


霧のような細かい雨。糠の粒子が細かいのに由来する。「霧雨《きりさめ》」と同じ。

（ぬかあめ）


北極や南極周辺で見られる大気の発光現象。「極」地で見られる「光」という当て字。

（オーロラ）


空から降ってくる氷の塊。「氷雨《ひょうう》」が転訛してこの字があてられたという説も。

（ひょう）


突然、皮膚が裂けて傷ができる現象。真空が原因だが、昔はイタチの仕業と考えられた。

（かまいたち）


南から吹いてくる風。主に中国・四国・九州地方で使われている言葉。

（はえ）

○野分

○氷雨

○驟雨

○海嘯

○叢雲

○秋霖

○追風

二百十日、二百二十日前後に吹く秋の暴風で、つまりは台風のこと。野の草を吹き分けるほどの風という意味。（のわき）

冷たい雨の総称。ひょう、あられ、みぞれなどが含まれる。（ひさめ）

突然に激しく降る雨のこと。にわか雨。（しゅうう）

古くは津波のことをこう呼んでいた。満月や新月のときは海面の干満の差が大きく、潮流が高波となって河川を遡る現象が見られる。アマゾン川のポロロッカが有名。（かいしょう）

雲が一カ所に群がり集まったもの。「群雲」とも書く。（むらくも）

九月中旬から十月中旬の秋に、何日にもわたって降る長雨。「秋の長雨」ともいわれる雨期。（しゅうりん）

後方から吹く風。船や人などが進む方向に吹く風。「順風」ともいう。「おいかぜ」とも読む。（おいて）

○**松籟**

○**虎落笛**

○**麦雨**

○**翠雨**

○**日暈**

○**日照雨**

松の幹や枝に吹く風。まつかぜ。松に向かって吹く風を波の音にたとえていうもの。　**（しょうらい）**

主として冬に、風が竹の柵（虎落《もがり》）に吹きつけて笛のような音を立てるもの。　**（もがりぶえ）**

五月下旬から六月にかけて、熟した麦の畑にやさしく降りかかる雨。　**（ばくう）**

だんだんに翠が濃くなっていく頃の葉を濡らす雨のこと。「緑雨」とも。　**（すいう）**

太陽を丸く囲むように現れた光の輪のこと。太陽の光の屈折でできる。　**（ひがさ）**

「狐の嫁入り」とも。日が射しているのに、降る雨をいう。「そばえる」には、ふざけるの意味がある。　**（そばえ）**

5 昔の遊びの漢字、なんて読む？

小さい頃に熱中した、懐かしい思い出！

○雲梯

○歌留多

○綾取

○双六

もともとは「城攻めに使うとても長いはしご」。これが転じて、両手でぶら下がって遊べるはしご形の遊具に。

（うんてい）

ポルトガル語の「carta」に由来。象牙や骨、角などで作った札を使った「骨牌」という中国のゲームがあり、この字で書くことも。

（かるた）

「綾」には「交差した形」という意味があり、「あやとり」の紐も交差するので、こう呼ばれるようになった。

（あやとり）

このゲームに勝つには六のゾロ目を出すのが近道。そこで「ロク

○独楽

○凧

○御弾

○竹蜻蛉

○拳玉

○面子

のゾロ目」という意味の名前に。

（すごろく）

この読みは高麗《こま》から伝来した。「独楽」の字があてられたのは一人でも楽しめる遊びだから。

（こま）

中国では「紙鳶（紙で作ったトビ）」という。これが平安時代末期に伝来し、タコやイカに似ていてそう呼ばれるようになった。

（たこ）

薄いガラスの玉などを指で弾いて取り合う遊び。

（おはじき）

「とんぼ」は「飛ぶ棒」が転訛した言葉。竹製のとんぼだから「竹蜻蛉」。

（たけとんぼ）

「剣玉」とも書き、剣状の柄に糸で球をつけたのに由来するという説も。

（けんだま）

ボール紙で作られた札に、スターやスポーツ選手の絵が印刷されたもの。地面に叩きつけて相手の札を裏返したりする遊び。

（めんこ）

6 冠婚葬祭の漢字、なんて読む？

社会人のマナーとしても知っておきたい！

○忌明け

仏事法要以外の雑事を忌む（慎む）期間が終わること。一般的には四十九日法要まで。「きあけ」とも読む。

（いみあけ）

○香奠

「香」は線香、「奠」は「そなえる」の意味。つまり、香奠とはもともと仏前に線香を供えることだった。「香典」とも書くが本来はこの字。

（こうでん）

○喜寿

七七歳の祝い。「喜」という字の草書体が七を三つ重ねた形に見え、七十七と読めるため。

（きじゅ）

○月下氷人

仲人の別名。男女の縁をとり持つ「月下老人」と、氷の下にいる人

○熨斗

○餞

○祝言

○荼毘

○本卦還り

の夢を見て「あなたは仲人を務める」と占い師に言われたという故事「氷人」の合成語。（げっかひょうじん）

熨斗鮑（あわびを薄く切り干したもの）の略。めでたいとされ、祝い事に用いられた。（のし）

旅人の無事を祈って馬の鼻を行く先へ向けてやったことに由来。「餞」は、旅立つ人に贈るという意味。（はなむけ）

現在は結婚式を指すが、もとは祝意を表すために演じられた「祝言能」で、これが略された。（しゅうげん）

火葬のこと。インドのパーリー語で「火葬」を「ジャーペーティ」と呼び、これが「だび」に転訛し、中国で「荼毘」の字があてられた。（だび）

生まれた年と同じ干支の年を迎えること。「本卦」とは、生まれた年の干支。還暦とも。（ほんけがえり）

○末期の水

人の死に際に、口にふくませる水。釈迦が亡くなる間際に水を求めた故事に由来する。

（まつごのみず）

○諡

身分の高い人に対し、死後に贈る名前。「明治天皇」「大正天皇」も実はおくりな。

（おくりな）

○祝詞

神前で祈るときに、神職が奏上する詞《ことば》。

（のりと）

○結納

婚約の成立の証として、両家が金品を取り交わすこと。正式には仲人を立てて行う。

（ゆいのう）

○角隠

和装の花嫁が髪の上からすっぽりと被る白い布や綿帽子のこと。怒りの角を隠して、しとやかな妻となるという意を表しているとか。

（つのかくし）

○菩提寺

先祖代々の墓や位牌を置き、菩提を弔う寺のこと。

（ぼだいじ）

○追儺

もとは大晦日の夜に鬼を追い払った行事。現在では、節分の夜の豆まきになった。

（ついな）

○大祓

○袱紗

○建前

○数珠

○湯灌

六月と十二月の晦日に、半年の罪や穢れを祓い清める神道の儀式。

（おおはらえ）

お祝い事の御祝儀袋や、お悔やみの香典などの金封を包む小さい風呂敷のような布。慶事と弔事では、袱紗の色、柄、包み方が違ってくる。

（ふくさ）

家を建てるときに、梁や柱などの骨組みが完成し、木造建築の場合は棟木を最上部に上げることを祝う儀式が上棟式。その別名が建前。

（たてまえ）

念珠とも呼ばれ、仏前で礼拝するときに手に掛ける仏具。お経や念仏を唱える際に手繰って数を数えるために使われてきた。

（じゅず）

現世での穢れを清めるために、亡くなった人の体を棺に納める前に洗い清める儀式。細かいしきたりがある。

（ゆかん）

7 感情を表す漢字、なんて読む？

豊かな感情表現の世界へようこそ！

○呻吟

苦しみや悲しみのためにうめく。「呻」は「長く引いた低い声を出す」、「吟」は「うなる」の意味。

（しんぎん）

○憤り

いきどおること。強い怒り。奈良時代には「心が晴れ晴れしない、不安で憂鬱」ほどの意味だったものが、一三世紀頃から現在の意味に。

（いきどおり）

○惻隠

哀れみの心を抱く。儒教の教えに「惻隠の心は仁の端なり」とある。

（そくいん）

○蟠り

心の中にこだわりとなっている重苦しく嫌な気分。「蟠」はヘビ

○**吐露**

○**恬澹**

○**業腹**

○**怨嗟**

○**暗澹**

○**羞恥**

○**快哉**

がとぐろを巻いているさま。 **（わだかまり）**

心に思っていることを包み隠さず話す。「吐」は「口から出す」、「露」は「あらわにする」こと。 **（とろ）**

欲がなく物事に執着しない。「恬」は「穏やか」、「澹」は「あっさりしている」という意味。 **（てんたん）**

非常に腹の立つこと。業火（地獄の炎）が腹の中で燃えさかっているの意。 **（ごうはら）**

うらみ、なげくこと。「怨」は「うらむ」、「嗟」は舌打ちの音を表し「嘆く」という意味。 **（えんさ）**

気持ちが暗く不安になるさま。「暗」は「暗がり」、「澹」は「あわい・はっきりしない」。 **（あんたん）**

恥ずかしく思う。「羞」「恥」ともに「はずかしい」「はにかむ」という意味。 **（しゅうち）**

ここちよい、愉快だという気持ち。 **（かいさい）**

8 動作を表す漢字、なんて読む？

漢字になると、動作の印象も変わります

○欠伸

○嚙る

○蹲る

○頷く

「欠」は「口を開ける」、「伸」は文字どおり「伸びをする」。口を開けて伸びをする様子。（あくび）

硬いものの端を歯で嚙む。「嚙」には「かみつく」「歯を使ってかむ」などの意味が。（かじる）

体を丸くしてしゃがみ込む。人が膝をかかえてしゃがみ込んでいる姿を象形文字化した。（うずくまる）

承諾や同意などの気持ちを示し、首をたてに振る動作。「うなじを前に突く」が転訛したもの。（うなずく）

○鼾

○喚く

○撮む

○辷る

○喘ぐ

○跨ぐ

○足掻く

大きな音を「干声」といい、「鼻」と「干」を組み合わせた。（いびき）

大声で叫ぶ。「喚」は「遠くの者を呼ぶ」という意味を持つ。（わめく）

指先や箸などではさむ、または重要な部分を抜き出す。「撮」は映画や写真をとるという意味で使われる場合が多いが、「つまむ」の意味もある。（つまむ）

ものの表面をなめらかに移動する、または止まらずに動く。「滑る」と同じ意だが、「辷る」は国字。（すべる）

苦しそうにせわしく呼吸する。「喘息《ぜんそく》」の「喘」には「咳」という意味もある。（あえぐ）

足を開いてものの上を越えること。「夸」のみでも「またを大きく開いてまたぐ」という意味を持つ。（またぐ）

手足を動かしてじたばたする。転じて、活路を見いだすため必死になる、という意味も。（あがく）

9 和の世界の道具の漢字、なんて読む？

身の回りにあるか、探してみよう！

○行灯

照明器具。ろうそくが高価だった時代に、四角い木の枠に紙を張り、中に置いた皿に油を注いで点火し、それを光源としていた。

（**あんどん**）

○提灯

骨に割り竹を使い、風を防ぐために紙や布を張り、中にろうそくを灯す照明器具。たためるので持ち歩きにも便利。（**ちょうちん**）

○囲炉裏

床を四角く切って空間をつくり、設置した炉。中には炭を置き、暖房の場として、あるいは煮炊きの場として使われた。（**いろり**）

○炬燵

「火燵」とも書く。熱源の上部に板があり、櫓《やぐら》のような脚をつけ、

○湯湯婆

○屏風

○扇子

○蝦蟇口

○算盤

布団をかぶせてあたたまる暖房器具。

（こたつ）

金属製もしくは陶器製の容器の中にお湯を入れ、足や身体を温める。「たんぽ」は「湯婆」の唐音による読み方。

（ゆたんぽ）

本来は室内に立てて、風をさえぎったり、物を隔てたりする道具。装飾品・美術品として用いられた歴史もあり、国宝級のものも少なくない。

（びょうぶ）

竹と紙や布などで作られた折り畳みのできる扇。閉じたときの数え方は「本」だが、広げた状態のときは「面」あるいは「枚」と数える。根本を留めている部分が「要《かなめ》」で、物事の重要な部分を示す語源になっている。

（せんす）

口金のついた小銭入れ。開いた形がガマガエルの口に似ていることから。

（がまぐち）

横長の薄い箱型で、串刺しの珠が並んだ計算道具。日本や中国で多くの人が使っていた。「十露盤」とも書く。

（そろばん）

○行李

○茶箪笥

○布巾

○重箱

○湯桶

竹や柳、籐などを編んで、葛籠《つづら》のようにした箱状の入れ物。旅に出るときに衣類や日用品などを入れた、今の旅行カバン。

（こうり）

食器や茶器をしまっておく箪笥で、庶民の生活に取り入れられたのは江戸時代以降といわれている。現在でいえば、多くの家庭にある食器棚。

（ちゃだんす）

食器を拭いたり、蒸し器にかけたり、出汁を引いたりするのに使う布。

（ふきん）

料理を詰める箱型の容器で、二重、三重……と重ねられるようになっている。ちなみに、漢字二文字の熟語の「上は音読み、下は訓読み」にする読み方を「重箱読み」という。

（じゅうばこ）

食後に飲む湯を入れておく木製の容器。ちなみに、漢字二文字で書き表す熟語の「上は訓読み、下は音読み」という読み方を「湯桶読み」という。

（ゆとう）

○米櫃
○剃刀
○盥
○鉞
○鹿威し
○擂鉢

米を入れて保存しておく箱。（こめびつ）

毛を剃る道具として広く利用されているが、もともとは飛鳥時代、僧侶の剃髪の儀式の法具として使われた、高価で神聖な道具。（かみそり）

水やお湯を入れて、洗濯や行水をする円形の平たい容器。語源は「てあらい＝手洗い」とされる。（たらい）

大型の斧《おの》。主に木を伐るのに用いる。（まさかり）

日本庭園などで、水音の涼しさや竹が石を叩く音を楽しむために置かれている。もともとは田畑を荒らすシカやイノシシ、鳥などを驚かせて追い払うための農具。（ししおどし）

ごまなどをすり潰して料理に使う道具。（すりばち）

10 和の世界の衣装の漢字、なんて読む？

時代劇に出てくる、あの服の漢字！

○単衣

○絣

○紬

○襦袢

（ひとえ）
裏地のない和服。裏付きの和服は「袷《あわせ》」という。

（かすり）
かすったように、ところどころに小さな模様を施した織物。また、その模様。

（つむぎ）
くず繭や真綿を紡いで作った絹糸で織った布。丈夫さが特徴のひとつ。山形県の米沢紬、茨城県・栃木県の結城紬、鹿児島県の大島紬など、日本各地に名産品がある。

（じゅばん）
和服用の下着。ポルトガル語の音写で「襦袢」は当て字。

○足袋

○草履

○草鞋

○縮緬

○金襴緞子

○産着

○涎掛

足の形に作った袋状の履き物。親指と他の指とが分かれる形になっている。合わせ目は爪の形をした「こはぜ」でとめる。**（たび）**

鼻緒があり、歯がない、底の平らな履物。わら、竹皮、布、皮革など、材料はさまざま。**（ぞうり）**

わらでつくった履物。紐で足にゆわえて履く。**（わらじ）**

表面に細かいシボと呼ばれる凹凸のある絹織物。**（ちりめん）**

金糸で文様を織り出した織物が金襴、室町時代に中国から伝えられた絹の紋織物が緞子。いずれも高級な織物とされる。**（きんらんどんす）**

生まれた子に初めて着せる衣服。赤ちゃんの肌着。昔ながらの産着は麻の葉模様が一般的で、麻のようにまっすぐに成長してほしいという願いにちなんでいる。**（うぶぎ）**

子どもの首からかけて、涎などで着物が汚れるのを防ぐ布。**（よだれかけ）**

○**頭巾**

○**羽織**

○**袴**

○**白無垢**

○**打掛**

○**留袖**

○**半纏**

○**法被**

頭にかぶる袋形の布。防寒、ほこりよけ、また人目を避けるためなどに用いられた。**（ずきん）**

和服の着物の上に着る短い上着。**（はおり）**

和服の上につけ、腰から足までを覆う、ひだのある衣服。洋装のズボン、スカートにあたる。**（はかま）**

和装の花嫁衣装の代表。裏表とも白一色で仕立てられているのは「嫁ぎ先の色に染まる」という意味がある。**（しろむく）**

帯を締めた着物の上に羽織る裾の長い着物。現在も花嫁の婚礼衣装として着られている。**（うちかけ）**

既婚女性の正装。黒地に家紋の入った黒留袖といえば、結婚式で新郎新婦の母親の正装の定番。**（とめそで）**

羽織に似ているが、襟の折返しと胸紐がない和装。**（はんてん）**

職人などが用いる印半纏《しるしばんてん》。祭やイベントでは仲間内で、襟や背に屋号や氏名などを染めたそろいの法被を着ることも多い。

○褌

○下帯

○背広

○外套

○襤褸

○衣紋

（はっぴ）

男性用の下着。日本では長きにわたって愛用されてきた歴史があり、決意して物事に取り組むときに「褌をしめてかかる」という言葉もある。

（ふんどし）

褌や腰巻など、肌に直接つけて陰部を覆う布のこと。

（したおび）

上着、ベスト、ズボンの三つ揃えからなる紳士服。ただしベストは省略されることもある。語源には、ロンドンの洋服屋街の名称サビルロー説などがある。

（せびろ）

オーバーやコートのように衣服の上からはおる、ゆったりとした防寒着。

（がいとう）

使い古して役に立たなくなった布。また、みっともない欠点や失敗を指し、「襤褸を出す」などと使う。「らんる」とも読む。

（ぼろ）

服を着崩れないように着ること。また、和服の襟の胸で合わせる部分。

（えもん）

11 大工道具の漢字、なんて読む？

あの道具の漢字が、こんなに難しいなんて！

○鋸

薄い鋼《はがね》の板のふちに、たくさんの歯がついていて、木材などを切る道具。

（のこぎり）

○釘

板や材木を継ぎ合わせるために打ちつけたり、物をかけたりするのに用いられる、先のとがった道具。鉄製の他、木製や竹製も。

（くぎ）

○鉋

木材の表面を削ってなめらかにする道具。

（かんな）

○鏨

金属を削ったり、切断したり、掘り込みを入れたりするための道具。特殊鋼や炭素鋼で作られることが多く、石を割るのに使われ

○金槌

○手斧

○鉈

○螺旋

○発条

○曲尺

る場合もある。 **（たがね）**

頭部が鉄製でできていて、釘などを打ちこむ道具。俗に「トンカチ」と呼ばれる。泳げない人を「かなづち」というのは、鉄製の頭部が重くて金槌が水に浮かないため。 **（かなづち）**

木材を粗削りするために使う鍬形の斧。もともと「ておの」と呼ばれていたものが時代とともに変化した。 **（ちょうな）**

短く、厚く、幅の広い刃物。薪割りなどで使われる。 **（なた）**

物を固定するのに使われる部品で、円柱状の側面にらせん状の溝が刻まれている。「螺子」「捩子」「捻子」などの表記も。 **（ねじ）**

鋼《はがね》などをらせん状に巻いたり、折り曲げたりして、その弾力を利用するもの。「撥条」とも書かれる。 **（ばね）**

「L字型」をした金属製の物差し。直角・垂直を確認するだけでなく、曲線を引いたり勾配を出すのにも使う。「さしがね」「まがりがね」などと呼ばれることもある。 **（かねじゃく）**

○鋏

○鏝

○鑿

○玄翁

○砥石

○鑢

○鎹

相対する二枚の刃をすり合わせて物を切る道具。事務用、裁縫用、料理用、医療用、理容用、植木用など、さまざまある。（はさみ）

漆喰やセメントなどを壁に塗りつけるときに使う道具。半田付《はんだ》けのときに熱して使う道具は「半田鏝」。（こて）

木や石、金属などに、穴をあけたり、溝を掘ったりする道具。柄の先についている刃の形によって「丸鑿」「平鑿」など種類がある。（のみ）

石を砕くのに使う大型の金槌。語源は「玄翁和尚が殺生石を割るのに用いた」という伝説から。（げんのう）

刃物などを研ぐための石。（といし）

棒状・板状の鋼《はがね》の表面に「目」と呼ばれる小さい突起を刻み、焼き入れをした、金属仕上げ用の工具。（やすり）

二本の材木をつないでおくために用いる、「コ」の字型で両端が釘になっているもの。しっかりとつなぎとめてくれるので「子は

〇鶴嘴

〇杭

〇脚立

〇錐

〇墨壺

鎹」ということわざも生まれた。（かすがい）

堅い土を掘り起こすための鉄製の道具。先端が鶴の嘴《くちばし》のようにとがっていることから名づけられた。（つるはし）

地中に打ち込んで、支柱や目印にする棒。「目立つものは、とかく周囲から押さえつけられる」ことを表したことわざが「出る杭は打たれる」。（くい）

小型の梯子のようなものを両方から合わせ、上に台をつけた踏み台。（きゃたつ）

手で木に穴をあけるための道具。釘やネジの下穴をあけるために使う。（きり）

木や石に直線を引くときに使う古くからの道具。（すみつぼ）

4章

教養が深まる漢字

――古典芸能や地理・歴史の雑学も身につく！

1 日本の古典や名著の漢字、なんて読む？

名作・大作の漢字を読んでみよう！

○細雪

大阪の船場《せんば》を舞台とした旧家の四人姉妹の物語。谷崎潤一郎の作。

（ささめゆき）

○夫婦善哉

織田作之助作の短編小説。大阪に生きる優柔不断な男としっかり者の女が繰り広げる転変の物語。

（めおとぜんざい）

○性霊集

平安初期、空海の弟子が編集した詩文集。後世の僧は文章の手本とした。

（しょうりょうしゅう）

○病牀六尺

病牀は病床のこと。正岡子規の随筆。結核を病み没するまでを執筆した。

（びょうしょうろくしゃく）

○蜻蛉日記

平安期の女流日記文学の先駆けとされる。右大将藤原道綱の母の著という。（かげろうにっき）

○父子鷹

時代小説の名手・子母澤寛《しもざわかん》の作。勝麟太郎（勝海舟）とその父の生き方を描いた。（おやこだか）

○梁塵秘抄

平安時代末の後白河法皇の撰による歌謡集。当時の風俗や社会を知る貴重な資料とされている。（りょうじんひしょう）

○安愚楽鍋

仮名垣魯文《かながきろぶん》の短編小説。明治の文明開化の世相を面白く描いた。（あぐらなべ）

○虞美人草

夏目漱石作。美貌の悪女が主人公の小説。その名は中国の伝説に由来する。（ぐびじんそう）

○神皇正統記

一三三九年に北畠親房《きたばたけちかふさ》が著した。神代からの歴史を記し、南朝の正当性を主張している。（じんのうしょうとうき）

○懐風藻

現存する日本で最初の漢詩集。七五一年の作。（かいふうそう）

○金色夜叉

尾崎紅葉作の明治の小説。読売新聞に連載されて人気を呼んだ。

（こんじきやしゃ）

○庭訓往来

室町時代に書かれた手紙文学。手紙の往復の模範文集。

（ていきんおうらい）

○天平の甍

奈良時代に、仏の教えを伝えるために日本に渡来した鑑真の苦難を描いた井上靖の小説。

（てんぴょうのいらか）

○婦系図

泉鏡花の小説。舞台や映画で取り上げられ、主題歌も大ヒットした。

（おんなけいず）

○往生要集

仏教書。さまざまな仏教の経典から「地獄」と「極楽」の話を引き出してまとめたもの。

（おうじょうようしゅう）

○今昔物語集

平安後期の日本で最大とされる説話集。「今は昔」という文句で始まるので、この名がついている。

（こんじゃくものがたりしゅう）

○或阿呆の一生

著者は芥川龍之介。芥川が自分の人生を振り返ったものではないかと考えられる。彼の自殺後に原稿が見つかった。

○風姿花伝
○笈の小文
○一握の砂
○高野聖
○義経記
○不如帰

室町時代の能楽師の世阿弥作。父・観阿弥の教えを体系化した能楽論。

（ふうしかでん）

（あるあほうのいっしょう）


松尾芭蕉の作。江戸から尾張、伊勢、吉野、大阪、明石などを巡る旅の俳諧紀行。

（おいのこぶみ）


石川啄木の歌集。貧困や故郷を思う気持ちが強く表現されていて、人々の心をとらえた。

（いちあくのすな）


泉鏡花の小説。高野山で修行する旅の僧の不思議な経験を描いた。

（こうやひじり）


源義経の一生を描いた室町期の軍記物語。歌舞伎などにも強い影響を与えた。「よしつねき」とは読まない。

（ぎけいき）


徳富蘆花の長編小説。日清戦争で出征した夫を慕いつつ死ぬ主人公の姿や、「千年も万年も生きたいわ」の言葉などでベストセラーとなった。

（ほととぎす）

2 仏教にまつわる漢字、なんて読む？

漢字から仏教の教えが伝わってきます！

〇衆生

仏教では、すべての命あるものを指す。
（しゅじょう）

〇作務衣

作務は禅寺の僧が掃除などをする修行のひとつで、その際に着る衣服。
（さむえ）

〇因縁

すべては、さまざまな原因と条件である縁から生じている（縁起）と示す言葉。
（いんねん）

〇禅定

心を静めて精神を統一し、心の中で真理を探究すること。
（ぜんじょう）

〇三界

生と死を繰り返す迷いの世界。欲界、色界、無色界のこと。過去、

○煩悩

○旦那

○刹那

○業

○涅槃

○娑婆

○舎利

現在、未来の三世《さんぜ》についてもこう表現する。（さんがい）

身を煩わせ、心を悩ますことの一切をいう。物や事に対する執着が自分を苦しめるようになる。（ぼんのう）

サンスクリット語から生まれたもので、「布施をする人」に由来する。（だんな）

きわめて短い時間。「その刹那に思わず手が出た」など、「瞬間」と同じ意味で使われる。仏教語では時間の最小単位。（せつな）

来世に報いや結果を起こす元になる、現世での善や悪の行い。（ごう）

仏教では、すべての迷いを超越した「悟りの域」のこと。あるいは仏陀の死のこと。（ねはん）

さまざまな苦しみを耐え忍ばなくてはならない現世のこと。（しゃば）

仏陀や仏教の聖者の遺骨。（しゃり）

○雲水

○輪廻

○金輪際

○手向

○滅相

○七宝

○億劫

一カ所に定住せず、諸国をあちらこちらと行脚する僧。行く雲や流れる水のような生活から、こう呼ばれる。**（うんすい）**

霊魂は死滅しないで、さまざまに生まれ変わりを繰り返すという考え方。**（りんね）**

仏教の宇宙観では、金輪というものが大地や山々や海を支えていると考えた。この金輪のぎりぎりのところが金輪際で、「絶対に」という意味で使われる。**（こんりんざい）**

神や仏に捧げものをすることから転じて、はなむけや餞別についても、こう呼ばれる。**（たむけ）**

消えてなくなる、滅びゆく状態のこと。そこから、「思いがけない」とか「法外なこと」という意味になった。**（めっそう）**

仏典に出てくる七種の宝石のこと。七珍とも呼ばれる。**（しっぽう）**

「億劫《おっこう》」の転じたもの。「劫《こう》」は仏教で最も長い時間を表す単位。

○**有象無象**

○**衣鉢**

○**啖呵**

○**紅蓮**

「億劫」となると、きわめて長い時間で、ほぼ永遠といえる。そこから面倒で気が進まない様子を指すようになった。**（おっくう）**

「世の中にたくさんあるくだらないもの」という意味で使われるが、もともとは「有《う》相《そう》無《む》相《そう》」という仏教用語で「この世に存在するすべてのもの」を表している。**（うぞうむぞう）**

学問や芸術などで、弟子が師の奥義や偉業を受け継ぐことを「衣鉢を継ぐ」という。「衣鉢」は僧侶が生活するうえで必要最小限の所持品。仏教の奥義を弟子に授けた際に、その証として「衣鉢」を与えたことに由来。**（いはつ）**

鋭い言葉でまくしたてたり、相手をやり込めたりすることを「啖呵を切る」という。仏教用語の「弾呵」が転じた言葉という説がある。**（たんか）**

紅色の蓮の花。「紅蓮の炎」のように、激しく燃える炎の色にたとえられるが、仏教の「紅蓮地獄」では、寒さのために皮膚が裂けて流血するとされる。**（ぐれん）**

3 歌舞伎にまつわる漢字、なんて読む？

大人の教養として、知っておきたい！

○隈取

歌舞伎や京劇などで使われる化粧法。役柄の性格や表情を強調するため、顔の各部分を一定の型に彩色するもの。（**くまどり**）

○定式幕

歌舞伎の舞台で使われる三色の引幕。現在、歌舞伎座で使用されている定式幕は、左から「黒」「柿色」「萌葱《もえぎ》（濃い緑色）」となっている。「定式」とは、いつもの決まった形という意味。（**じょうしきまく**）

○道行

旅をする様子を描いた演目。恋仲の男女が連れ立って旅をするものが多い。（**みちゆき**）

○見顕し

○見得

○口上

○柿落とし

○後見

○黒衣

本来の素性や身分を隠していた人物や妖怪が、正体をあばかれて、または自ら名乗って本性を顕《あらわ》す場面。（**みあらわし**）

荒事《あらごと》から発したという歌舞伎独特の演技方法のひとつ。物語の山場や幕切れ、登場人物の気持ちが盛り上がった場面で、大きな動きを見せてから動きを一瞬止めて、見事な型を決める。（**みえ**）

役者が舞台の上から観客に向かってする挨拶。襲名披露や初舞台、追善興行などで行われることが多い。（**こうじょう**）

新築された劇場で行う最初の興行。「柿」は木の削りくずのことで、「木の削りくずを払い落とす」のが「柿落とし」の由来。（**こけらおとし**）

能・狂言・歌舞伎などで、役者の後ろに控えて世話をする人。様式性の高い演目、舞踊では裃《かみしも》姿で役者の手助けをする。（**こうけん**）

後見の一種。黒い衣装で、顔は頭巾で隠して、舞台上の俳優の演技を助けたり、小道具を渡したりする。「黒子」とも。（**くろご**）

○散切物

○迫

○幕間

○梨園

○奈落

○浅葱幕

歌舞伎世話狂言のひとつ。明治初期の散切り頭＝ちょんまげを切り落として刈り込んだ時代の風俗を扱った狂言をいう。

（ざんぎりもの）


劇場で、舞台や花道の床の一部を切り抜き、人物や大道具などを上下に移動させること。またその装置。

（せり）


演目と演目、あるいは場面と場面の間の休憩時間。「まくま」と読むのは誤り。

（まくあい）


芝居の世界のこと。とくに歌舞伎界を指す。梨の木を植えた庭園で音楽を教えたという唐の故事から。

（りえん）


舞台の床下部分。迫などの舞台装置が設置され、通路や物置などになっている。

（ならく）


劇中で舞台全体を覆うように吊り下げられる薄い空色の幕。役者の姿を隠すときなどに使う。

（あさぎまく）

○出端

○外題

○口伝

○女方

○一世一代

主人公など重要人物が登場すること。単に「出《で》」ともいう。（**では**）

歌舞伎の演目の題名。縁起を重んじて五文字、七文字など奇数に統一され、趣向を凝らした文字が並ぶ。名題《なだい》とも。（**げだい**）

学問、伝統芸能、武道などで、技芸の奥義や秘伝を、師が弟子に口伝えに教え授けること。（**くでん**）

歌舞伎に登場する女性役の総称。および女性役をつとめる俳優のこと。寛永六年に徳川幕府が女歌舞伎を禁止して以来、現在まで、男性が女性の役をつとめるのが歌舞伎の特徴のひとつ。「おやま」ともいう。男性役は立役《たちやく》という。（**おんながた**）

「一生に一度だけ」という意味で「一世一代の大勝負」などと使われる。歌舞伎では、年齢を重ねた役者が、ある役（当たり役）を演じ納める際に「○○○○（役者名）一世一代にて相勤めし候」と銘打つ。「いっせいいちだい」とは読まない。（**いっせいいちだい**）

4 日本史の事件や用語の漢字、なんて読む？

漢字が読めると、歴史をもっと楽しめる！

○**桶狭間の戦**

一五六〇年に尾張・桶狭間（現在の愛知県豊明市）で行われた今川義元軍と織田信長軍の戦い。

（おけはざまのたたかい）

○**防人**

古代に北九州の防衛のため三年交代で配置された兵士たち。

（さきもり）

○**流鏑馬**

馬で走りながら矢を放ち、的に当てる競技。平安時代に入ると宮廷行事として行われた。

（やぶさめ）

○**太占**

古代の占い。鹿の骨を焼き、その亀裂の模様を見て占った。

（ふとまに）

○政所
政務を執り行う場所。平民の訴訟なども司った。（まんどころ）

○廃藩置県
明治政府が全国の藩を廃止して府県を設けた政治的変革。（はいはんちけん）

○口分田
律令制の班田収授法に基づき、人々に割りあてられた田畑のこと。「口」は「人」という意味。（くぶんでん）

○墳墓
死者を埋葬する施設。「墳」は盛り土のある墓、「墓」は盛り土のない墓という意味。（ふんぼ）

○埴輪
古墳を装飾するため、墳丘の上や縁などに並べられた素焼の土製品。人物、動物、家をかたどったものなどがある。（はにわ）

○摂政
君主が幼いなどの理由で政務を行えない場合に、それに代わって政治を執り行う人。（せっしょう）

○一揆
もともとは心をひとつにすること（一致団結）という意味だったが、時の支配者の圧政に対して、農民・信徒などが団結して抵抗し、武力的な行動を示すこと。（いっき）

5 日本史の有名人の漢字、なんて読む？

珍しい苗字、名前もたくさん！

○卑弥呼

三世紀前半頃、邪馬台国を治めていた女王。生没年もその国の場所も不明。 **（ひみこ）**

○岩倉具視

江戸末期から明治初期にかけて活躍した政治家。王政復古、維新政府樹立を支持した。 **（いわくらともみ）**

○源順

平安時代中期の歌人で三十六歌仙の一人。二〇代で日本初の分類体の漢和辞書『倭《わ》名《みょう》類聚抄《るいじゅしょう》』を編さん。 **（みなもとのしたごう）**

○小野妹子

飛鳥時代の遣隋使で「日出づる処の天子」に始まる国書を持参したことで知られる。 **（おののいもこ）**

○木花開耶姫

○西周

○厩戸皇子

○十返舎一九

○日本武尊

○蘇我蝦夷

○中大兄皇子

日本の創世神話に登場する山の神の娘。（**このはなのさくやひめ**）

明治時代の思想家で、榎本武揚らとオランダへ留学し、後に開成所（現在の東京大学）教授に就任。（**にしあまね**）

聖徳太子の幼名。正しくは「厩戸豊聡耳《うまやどのとよとみみ》皇子」という。（**うまやどのおおじ**）

江戸時代後期に活躍した作家で、『東海道中膝栗毛』の作者として知られる。（**じっぺんしゃいっく**）

日本の創世神話に登場する英雄。九州の熊襲《くまそ》や東国の蝦夷《えみし》を討伐したとされる。（**やまとたけるのみこと**）

飛鳥時代の大臣で、蘇我入鹿の父。六四五年に入鹿が討たれると自殺。（**そがのえみし**）

天智天皇の別名。中臣鎌足と共に蘇我氏を滅ぼし、大化の改新を行ったことで知られる。（**なかのおおえのおうじ**）

6 廃藩置県で消えた旧国名の漢字、なんて読む？

地名として残っているものも！

○安房

現在の千葉県南部。廃藩置県によって四県に分れて消滅した後、木更津県へ合併され、一八七三年に千葉県へ編入。

（あわ）

○播磨

現在の兵庫県南部。廃藩置県で姫路県となった後、一八七六年に兵庫県と合併。

（はりま）

○備前

岡山県南東部。廃藩置県で岡山県となった後、小田県、北条県を併合して現在の岡山県に。

（びぜん）

○豊後

現在の大分県の大部分を占めた。多数の小藩があったが廃藩置県によって大分県に併合された。

（ぶんご）

○美作

○遠江

○因幡

○安芸

○壱岐

○胆振

岡山県北東部を占めた。廃藩置県で北条県となった後、岡山県に併合された。（みまさか）

現在の静岡県西部。廃藩置県で浜松県になり、やがて静岡県に併合された。（とおとうみ）

鳥取県東半部にあたる。一時的に島根県と合併していたが、鳥取士族の再置運動の結果、鳥取県に。（いなば）

現在の広島県の西半部。廃藩置県によって成立した広島県に併合された。（あき）

現在の長崎県壱岐島。廃藩置県のために平戸県を経て長崎県に併合された。（いき）

北海道南西部にあたる。一八六九年、蝦夷地を北海道と改めた際に置かれた一一カ国のひとつ。（いぶり）

7 世界の国名を表す漢字、なんて読む？

あの国がこんな漢字だなんて！

○瑞西

○伯剌西爾

○勃牙利

○加奈陀

ヨーロッパ中部の永世中立国で、スイス連邦。「瑞西」は中国語の表記に由来する。
（**スイス**）

南アメリカ大陸東部を占める国。ブラジル連邦共和国。「伯」と略すことも。
（**ブラジル**）

バルカン半島南東部にある。ブルガリア共和国。「勃牙利」は活発で鋭いという意味。
（**ブルガリア**）

北アメリカ大陸の北部を占める。カナダ連邦。音訳による中国の当て字。
（**カナダ**）

○墨西哥

○希臘

○白耳義

○墺太利

○牙買加

○比律賓

北アメリカ大陸南部にある。メキシコ合衆国。かつて中国では「墨」を「め」と発音していた。（**メキシコ**）

バルカン半島の南端部と周辺の島々の国。ギリシャ共和国。古代ギリシャ語でギリシャのことを「ヘッラス」といい、「希臘」はその音訳。（**ギリシャ**）

ヨーロッパ北西部にある国。ベルギー王国。オランダ語の「ベルヒエ」が「ベルギー」に。（**ベルギー**）

ヨーロッパ中部の共和国で、かつてオストマルク（東方辺境伯領）があった。（**オーストリア**）

カリブ海のジャマイカ島を占める国。先住民の言葉で「木と水の地」という意味の「ハイマカ」に由来。（**ジャマイカ**）

アジア南東部のフィリピン諸島を占める。フィリピン共和国。「比律賓」の字は、一六世紀にフィリピンを植民地にしていたスペイン王国の皇太子フェリペの音訳。（**フィリピン**）

8 珍しい都市名、なんて読む？

読めると自慢できます！

○各務原市

岐阜県の南部。ＪＲの駅名は「各務ケ原」と書き「かがみがはら」と読む。

（**かかみがはらし**）

○東御市

長野県の東部。「東」部町と北「御」牧村が合併して、こう命名された。

（**とうみし**）

○安曇野市

長野県の中部。この地に古代に移り住んだ阿曇犬養連《あづみのいぬかいのむらじ》という人物の名前に由来するという。

（**あづみのし**）

○加須市

埼玉県の北東部。利根川の「河洲《かす》」や「加増《かぞ》」に由来するなど。

（**かぞし**）

○匝瑳市
○宍粟市
○羽咋市
○国東市
○合志市
○御所市

千葉県の北東部。かつて匝瑳郡だった八日市場市と野栄町が合併して成立。（そうさし）

兵庫県の中西部。宍粟郡の四町が合併して成立した。（しそうし）

石川県の能登半島。磐衝別命《いわつくわけのみこと》が三匹の犬とともに怪鳥を退治。その際、犬が怪鳥の「羽を喰った」という伝説から「はくい」となった。（はくいし）

大分県の北西部。景行天皇が御幸した際、「その見ゆるは、けだし、国の埼《さき》ならむ」と言ったことから。（くにさきし）

熊本県中北部。古代よりこの地に続いた「合志郡」に由来する。（こうしし）

奈良県の中部。御所町を中心に他の三村が合併して成立。葛城川には五つの瀬がある。（ごせし）

9 珍しい地名、なんて読む？

思いもよらない読み方が！

○都部

千葉県我孫子市にある。歴史を遡ると一部や市部とも書いた。
（いちぶ）

○九石

栃木県芳賀郡茂木町の地名。鎮守の宮で九つの石で飾られたサラ（装飾品）が発見されたのが由来とか。

（さざらし）

○王余魚沢

青森県青森市の地名。殿様（王）がカレイを食べて半身を残したとか。
（かれいざわ）

○大豆生田

山梨県北杜市にある。大豆を植えつけた田畑が一面に広がっていたため。
（まみょうだ）

○女原

○大歩

○策牛

○無音

○尾立

○顔戸

○花畔

福岡県福岡市西区の地名。昔、後朱雀院の皇女がここに住んだという伝承がある。（**みょうばる**）

茨城県猿島郡境町にある。かつては「内宇和後」だったが、「内」が省略され「わご」に転訛したなどの説がある。（**わご**）

静岡県焼津市の地名。地元では「ぶちうし」とも言い、牛の飼育と関係があったのではと。（**むちうし**）

山形県鶴岡市の地名で、龍神様の怒りに触れないように、音を立てず静かに暮らしたことから。（**よばらず**）

高知県高知市の地名。昔、小立足尼《ひじのすくね》という人物が国造となってこの当地を領有。その後「小立」が「尾立」に転じた。（**ひじ**）

滋賀県米原市の地名。川沿いの地で「川処《かわど》」と呼ばれていたのが「顔戸《ごうど》」に。（**ごうど**）

北海道石狩市の地名で、「漁場」を意味するアイヌ語「パナウンクルヤソッケ」に漢字をあてたもの。（**ばんなぐろ**）

10 珍しい苗字、なんて読む？

知り合いにこの苗字の人がいたら、びっくり！

○小鳥遊

○毛受

○春夏冬

○四月一日

小鳥が遊んでいるのは、天敵の鷹が近くにいないから。和歌山県に見られる。（たかなし）

もともとは「百舌鳥《もず》」という地名が「毛受《もず》」をあてるようになり、「めんじょう」に転訛したという説がある。全国におよそ一二〇〇人とか。（めんじょう）

文字どおり、秋が抜けている。愛知県と東京都に。（あきなし）

旧暦の四月一日頃に、着物から防寒用の綿を抜き始めたため。宮崎県に。（わたぬき）

○八月一日

○九

○一

○月見里

○努力

○栗花落

○一尺八寸

旧暦の八月一日頃、台風の被害が出ないように稲の穂を神様に供えた。群馬県や静岡県、岐阜県などに見られる。（ほずみ）

地名に由来するとされている。長野県や新潟県に。（いちじく）

文字どおり「二」の前だから。熊本県や福岡県、新潟県などに見られる。（にのまえ）

山がなければ月見がよくできるから。千葉県や静岡県に。山梨県にはほとんどいない。（やまなし）

大阪府に一〇人ほどしかいないきわめて珍しい苗字。なぜ「努力」と書いて「ぬりき」と読むのか、由来はわかっていない。（ぬりき）

梅雨《つゆ》入《い》りの頃、栗の花が落ちるから。兵庫県や大阪府、島根県などに。（つゆり）

鎌の長さが一尺八寸（約五五センチ）なのに由来。静岡県と兵庫県に見られる。（かまづか）

11 珍しい山の漢字、なんて読む？

山の名前もバリエーションが豊かです！

○皇海山

○間ノ岳

○巻機山

○瑞牆山

栃木県と群馬県の境にある。日光火山群に入っている。（すかいさん）

南アルプスに属する高山で三一九〇メートル。日本第三位の高峰。（あいのだけ）

上越国境に位置して四つの峰からなっている山。（まきはたやま）

奇岩や巨石の岩峰で有名な山。関東の奥秩父連峰の西端にある。（みずがきやま）

○安達太良山
○光岳
○万年山
○父不見山
○一尺八寸山
○章魚頭姿山
○錫杖岳

奥羽山脈南の山で福島県にある。登山家に愛され、山麓にはたくさんの温泉がある。

（あだたらやま）


長野県と静岡県の県境にあり、南アルプス国立公園最南端の山。

（てかりだけ）


九州の耶馬日田英彦山《やばひたひこさん》国定公園に属す。ツツジの一種、ミヤマキリシマを見るために訪れる人が多い。

（はねやま）


「ててみず」とも読む。埼玉県と群馬県の県境にある山で、呼び名の由来にはいろいろな説がある。

（ててみえずやま）


大分県日田市・中津市にある山。昔、この山で仕留められた三頭のイノシシの尾の長さを足すと一尺八寸あったからとか。「みおう」は「三つの尾」だとされる。

（みおうやま）


和歌山市に位置し、「高津子山」とも。

（たこずしやま）


北アルプス南部の山。切り立った岩壁が錫杖に似ていることから。

（しゃくじょうだけ）

○音信山

千葉県市原の低山。名の由来は「音信の鈴」という鈴の言い伝えによる。

（おとずれやま）

○越百山

長野県の木曽山脈の山。多くの峰を越えて山頂に至ることから、この名がついたとか。

（こすもやま）

○四阿山

群馬県と長野県の県境にある山。吾妻山などとも呼ばれている。

（あずまやさん）

○甲武信ケ岳

奥秩父連峰を代表する山。金峰山とともに登山家に人気の山。

（こぶしがだけ）

○開聞岳

鹿児島県の薩摩半島の山。標高は低いが見事な円錐形で、「薩摩富士」とも呼ばれている。

（かいもんだけ）

○後方羊蹄山

北海道のたいへん美しいコニーデ型の成層火山。その形から「蝦夷富士」とも呼ばれる。

（しりべしやま）

○武尊山

群馬県にあるコニーデ型の休火山。北アルプスの穂高岳と区別するために「上州武尊山」とも。花の名山に選定されている。

○燧ケ岳
○設計山
○川上岳
○月出山岳
○雲母峰

日光火山群のひとつ。約一万年前の噴火で尾瀬をつくったとされる。（ほたかやま）（ひうちがたけ）

北海道の中山峠の南西の山。「もっけだけ」とも呼ばれる。（もっけやま）

岐阜県下呂市と高山市にまたがる山。男神と女神の伝説が残されている。（かおれだけ）

大分県の低山だが、別名「日田富士」と呼ばれる。見る位置によって富士山に似ている。（かんとうだけ）

三重県の鈴鹿山脈の山。黒雲母が発掘されたのが名の由来とされる。（きららみね）

12 珍しい駅名、なんて読む？

駅員さんに聞いてみたくなる！

○**音威子府**駅

北海道・宗谷本線の主要駅。所在地の北海道中川郡音威子府村は「北海道で一番小さな村」と称されている。**（おといねっぷ）**

○**象潟**駅

羽越本線の特急列車も停車する主要駅。所在地は秋田県にかほ市。松尾芭蕉が訪れた最北の場所としても知られる。**（きさかた）**

○**四条畷**駅

片町線（学研都市線）の駅で、所在地は大阪府大東市。周辺に四条畷神社、南北朝時代の武将・和田賢秀の墓、忍岡古墳などの名所旧跡がある。**（しじょうなわて）**

○**動橋**駅

北陸本線の駅。所在地の石川県加賀市は、東に白山、南に鞍掛山

○**猊鼻渓**駅

○**雑餉隈**駅

○**伯耆大山**駅

○**和寒**駅

と大日山、西に富士写ヶ岳など白山連峰を一望できる風光明媚な地。

（**いぶりはし**）

大船渡線にある。所在地は岩手県一関《いちのせき》市。「猊鼻渓」は奥行き約二キロメートル、高さ一〇〇メートルあまりに及ぶ巨岩絶壁が連なる渓谷で、日本百景のひとつ。

（**げいびけい**）

西日本鉄道（西鉄）天神大牟田線の駅。所在地は福岡市博多区。全国随一の難読駅名・難読地名として、たびたび話題にのぼる。

（**ざっしょのくま**）

山陰本線の駅であり、ＪＲ貨物の駅。所在地は鳥取県米子市。「ほうき」の地名は砂鉄を溶かす「ふいご」の古名である「はふき」に由来するといわれている。

（**ほうきだいせん**）

北海道・宗谷本線の駅。所在地は北海道上川郡和寒町で、特急列車も停車する主要駅。駅名・町名の由来はアイヌ語の「オヒョウニレの木のそば」を意味するワッサム。

（**わっさむ**）

○**母恋**駅

○**長万部**駅

○**標茶**駅

○**乙供**駅

○**野辺地**駅

○**驫木**駅

北海道・室蘭本線の駅。所在地は北海道室蘭市。駅の入場券は「母の日のプレゼント」として人気に。駅名はアイヌ語で「陰になる場所」を意味する「ポクオイ」。**（ぼこい）**

北海道山越郡長万部町にある。函館本線の駅で、室蘭本線の起点ともなっている。**（おしゃまんべ）**

北海道川上郡標茶町にある釧網本線の駅。一級河川の釧路川が標茶町内を流れている。町名の由来は「大きな川のほとり」をあらわす「シペッチャ」。**（しべちゃ）**

青い森鉄道・青い森鉄道線にあり、所在地は青森県上北《かみきた》郡東北町《とうほくまち》。**（おっとも）**

青い森鉄道・青い森鉄道線の駅で、大湊線が乗り入れている。所在地は、青森県上北《かみきた》郡野辺地町《のへじまち》。**（のへじ）**

五能線の駅。所在地は青森県西津軽郡深浦町。「青春18きっぷ」のポスターにも登場したことがある。「驫」は日本の鉄道駅名として

○**江釣子**駅

○**吉里吉里**駅

○**及位**駅

○**左沢**駅

○**寒河江**駅

○**愛子**駅

使われている漢字の中で、最も画数が多いとされる。**（とどろき）**

北上線の駅。所在地は岩手県北上市。**（えづりこ）**

三陸鉄道・リアス線の駅。所在地は岩手県上閉伊《かみへい》郡大槌町《おおつちちょう》。「鳴き砂の浜」という駅の愛称を持つ。**（きりきり）**

奥羽本線の駅。所在地は、山形県最上《もがみ》郡真室川町《まむろがわまち》で「及位」という集落にある。秋田県との境で、たしかに隣県を「覗き見」できそうだ。**（のぞき）**

左沢線。所在地は山形県西村山郡大江町。「左《あてら》」は樹木の日の当たらない側をさした言葉で、その反対は「右《かてら》」。**（あてらざわ）**

左沢線。所在地は山形県寒河江市。**（さがえ）**

仙山線の駅。所在地は宮城県仙台市。「秋保《あきう》温泉」の玄関口ともなっている。**（あやし）**

○**喜多方**駅
○**馬下**駅
○**礼拝**駅
○**青海川**駅
○**南蛇井**駅
○**潮来**駅
○**軍畑**駅

磐越西線の駅。所在地は福島県喜多方市。「蔵とラーメンで有名な喜多方市の玄関口」として、東北の駅百選に選定されている。 （**きたかた**）

磐越西線。所在地は新潟県五泉市。 （**まおろし**）

越後線にある。所在地は新潟県柏崎市。 （**らいはい**）

信越本線の駅。所在地は新潟県柏崎市。「ホームから海が見える駅」として知られ、また「日本一海に近い駅」のひとつともいわれている。 （**おうみがわ**）

上信電鉄・上信線。所在地は群馬県富岡市。難読駅名であると同時に珍駅名でもある。 （**なんじゃい**）

鹿島線の駅。所在地は茨城県潮来市。 （**いたこ**）

青梅線にあり、所在地は東京都青梅市。鎌倉時代に起きた「辛垣《からかい》の戦い」が地名のルーツと伝えられている。 （**いくさばた**）

○**九品仏**駅

○**追浜**駅

○**弘明寺**駅

○**洗馬**駅

○**坂祝**駅

東急電鉄・大井町線の駅。所在地は東京都世田谷区。駅名の由来は、九品山唯在念佛院淨眞寺に安置されている九体の阿弥陀如来像。 **（くほんぶつ）**

京浜急行電鉄本線。所在地は神奈川県横須賀市。同市の鉄道駅のなかで最も北に位置する。 **（おっぱま）**

京浜急行電鉄本線の駅。所在地は神奈川県横浜市。瑞応山蓮華院弘明寺の門前町として栄えてきたエリア。横浜市営地下鉄・ブルーラインにも「弘明寺駅」が設置されているが、京浜急行電鉄の駅とは六〇〇メートルほど離れている。 **（ぐみょうじ）**

中央本線にある。所在地は長野県塩尻市。江戸時代には中山道の宿場町「洗馬《せば》宿《じゅく》」としてにぎわった。 **（せば）**

高山本線の駅。所在地は岐阜県加茂郡坂祝町《さかほぎちょう》。 **（さかほぎ）**

○**雨晴**駅

○**味美**駅

○**布袋**駅

○**信楽**駅

○**東雲**駅

○**放出**駅

氷見《ひみ》線の駅。所在地は富山県高岡市。源義経が京からみちのくへ向かう途中、この地で雨やどりをしたという伝説がある。

（あまはらし）


名古屋鉄道・小牧線。所在地は愛知県春日井市。同市内には東海交通事業・城北線の「味美駅」もある。

（あじよし）


名古屋鉄道・犬山線の駅。所在地は愛知県江南《こうなん》市。

（ほてい）


信楽高原鐵道・信楽線にあり、同線の終着駅。所在地は滋賀県甲賀市。駅前には、高さ五・三メートルの信楽焼のタヌキ像が立つ。

（しがらき）


京都丹後鉄道・宮舞線の駅で、所在地は京都府舞鶴市。東京臨海高速鉄道・りんかい線にも同名の駅があり、こちらの所在地は東京都江東区。

（しののめ）


片町線（愛称「学研都市線」）にある。おおさか東線も乗り入れている。

（はなてん）

○**十三**駅

○**百舌鳥**駅

○**轟**駅

○**英賀保**駅

○**弓削**駅

○**万能倉**駅

○**若桜**駅

○**特牛**駅

阪急電鉄の駅で、神戸本線・宝塚本線・京都本線の三路線が集まる。このうち京都本線の起点となっている。所在地は大阪市。　**（じゅうそう）**

阪和《はんわ》線の駅。所在地は大阪府堺市。　**（もず）**

えちぜん鉄道・勝山永平寺線の駅。所在地は福井県吉田郡永平寺《えいへいじ》町《ちょう》。　**（どめき）**

山陽本線の駅。所在地は兵庫県姫路市。　**（あがほ）**

津山線。所在地は岡山県久米《くめ》郡久米《くめ》南町《なんちょう》。　**（ゆげ）**

福塩《ふくえん》線。所在地は広島県福山市。　**（まなぐら）**

若桜《わかさ》鉄道・若桜線の駅で同線の終着駅。所在地は鳥取県八頭《やず》郡若桜町《ちょう》。　**（わかさ）**

山陰本線の駅。所在地は山口県下関市。駅名の由来は「コトイ」という地名で、「牝牛を意味する方言」という説、日本海に面した小さな入り江を表した「琴江」という説などがある。　**（こっとい）**

○**厚狭**駅

○**栗林**駅

○**大歩危**駅

○**後免**駅

○**永犬丸**駅

○**厳木**駅

○**南風崎**駅

山陽本線・山陽新幹線・美祢《みね》線にある。所在地は山口県山陽小野田市。**（あさ）**

高徳《こうとく》線の駅。所在地は香川県高松市。五〇〇メートルほど離れた位置に、高松琴平《ことひら》電気鉄道・琴平線の「栗林公園駅」がある。**（りつりん）**

土讃《どさん》線の駅。所在地は徳島県三好《みよし》市。ちなみに、土讃線の起点である多度津《たどつ》駅寄りの隣駅は「小歩危《こぼけ》駅」。**（おおぼけ）**

土讃線の駅であり、土佐くろしお鉄道・阿佐線（愛称は「ごめん・なはり線」）の駅。所在地は高知県南国《なんこく》市。**（ごめん）**

筑豊電気鉄道・筑豊電気鉄道線の駅。所在地は福岡県北九州市。**（えいのまる）**

唐津《からつ》線にある。所在地は佐賀県唐津市。**（きゅうらぎ）**

大村線。所在地は長崎県佐世保市。**（はえのさき）**

○**大畑**駅

○**嘉例川**駅

○**日当山**駅

肥《ひ》薩《さつ》線の駅。所在地は熊本県人吉市。「肥薩線の山線」と呼ばれる険しい区間にある。日本で唯一、ループ線の中にスイッチバックを併せ持つ駅として、鉄道ファンの人気の的。 **(おこば)**

肥薩線。所在地は鹿児島県霧島市。県内最古の駅舎は、国の登録有形文化財に登録されている。 **(かれいがわ)**

肥薩線の駅。所在地は鹿児島県霧島市。 **(ひなたやま)**

13 珍しい温泉名、なんて読む？

ご当地を訪問したくなる！

○**濁河**温泉

○**夏油**温泉

○**指宿**温泉

岐阜県御嶽山の七合目付近（標高約一八〇〇メートル）と、日本でも有数の高所にある。（**にごりご**）

岩手県北上市の西部にある、八五〇年前に発見された温泉。夏油はアイヌ語の「グット・オ（崖のある所）」に由来するとされている。（**げとう**）

鹿児島県指宿市の九州を代表する温泉地のひとつ。「砂蒸し」が有名。露天風呂、展望風呂など、趣向を凝らした旅館ホテルも数多い。（**いぶすき**）

○**温湯**温泉

○**鹿教湯**温泉

○**筌ノ口**温泉

○**阿寒湖**温泉

○**洞爺湖**温泉

青森県黒石市の黒石温泉郷の温泉。源泉温度は六〇℃で泉温として高くはないが、よく温まるので「温湯」と呼ばれるようになったとされる。**（ぬるゆ）**

長野県上田市にある。文殊菩薩が鹿に化身し、信仰心厚い猟師に、温泉の場所を教えたという開湯伝説がある。**（かけゆ）**

大分県玖珠《くす》郡九重町の温泉。九重《ここのえ》九湯《きゅうとう》のひとつ。熊本県との県境に近い山中の秘湯で、近くには景勝地、九酔渓《きゅうすいけい》や震動の滝がある。**（うけのくち）**

北海道釧路市にあるが、釧路駅からはバスで二時間ほどかかる。**（あかんこ）**

北海道虻田《あぶた》郡洞爺湖町にある。洞爺湖は洞爺湖町と有珠《うす》郡壮瞥《そうべつ》町《ちょう》にまたがるカルデラ湖。二〇〇八年には「第三四回主要国首脳会議」（北海道洞爺湖サミット）が開催された。同年「洞爺湖有珠山ジオパーク」が日本ジオパークに、二〇〇九年には世界ジオパークに、それぞれ認定された。**（とうやこ）**

○**定山渓**温泉

○**谷地頭**温泉

○**酸ヶ湯**温泉

○**安比**温泉

○**蒸ノ湯**温泉

○**鬼首**温泉

○**遠刈田**温泉

北海道札幌市の温泉で、その名は温泉開発をした修験僧の美泉《みいずみ》定山《じょうざん》に由来する。　**（じょうざんけい）**

北海道函館市にある温泉。函館市電・谷地頭停留場で下車し、徒歩約五分というアクセスのよさで人気。　**（やちがしら）**

青森市にある名泉。「酸」の文字が使われているとおり、酸性の強い湯となっている。　**（すかゆ）**

岩手県八幡平《はちまんたい》市にあり、冬季は安比高原スキー場に訪れる人も多い。　**（あっぴ）**

秋田県鹿角《かづの》市にある。近くに鉄道路線がないため、バスで訪れる人が少なくない。　**（ふけのゆ）**

宮城県大崎市にある名湯。鳴子《なるこ》温泉、東鳴子温泉、川渡《かわたび》温泉、中山《なかやま》平《だいら》温泉とともに「鳴子温泉郷」のひとつに数えられることもある。　**（おにこうべ）**

宮城県刈田《かった》郡蔵《ざ》王町《おうまち》の温泉。かつて「湯刈田《とうがった》」という地名を使っ

○**甲子**温泉

○**尻焼**温泉

○**川古**温泉

○**鬼怒川**温泉

ていたことがあるため「遠刈田」を「とうがった」と読む場合もある。

（とおがった）

福島県西白河郡西郷《にしごう》村にある温泉。発見されたのが一三八四年で、その年が干支では甲子《きのえね》だったことにちなんで名づけられたと伝わっている。

（かし）

群馬県吾妻《あがつま》郡中之《なかの》条町《じょうまち》の温泉で、平家の落人によって発見されたと伝えられている。

（しりやき）

群馬県利根《とね》郡みなかみ町にある温泉。江戸時代後期に湯が湧いていることが発見され、かつては「茂倉の湯」「ヌル湯」と呼ばれていた。

（かわふる）

栃木県日光市にある。首都圏から多くの観光客が訪れることから「東京の奥座敷」とも呼ばれている。

（きぬがわ）

○**喜連川**温泉

栃木県さくら市にあり、「斐乃上温泉（島根県仁多郡奥出雲町）」「嬉野温泉（佐賀県嬉野市）」とともに「日本三大美肌の湯」に数えられている。

（きつれがわ）

○**大子**温泉

茨城県久慈《くじ》郡大子町の温泉。日本三名瀑のひとつ「袋田の滝」が近くにある。

（だいご）

○**武甲**温泉

埼玉県秩父《ちちぶ》郡横瀬町《よこぜまち》にあり、武甲山の山麓で湧出している。武甲山の名は、日本武尊が、みずからの甲《かぶと》を、この山の岩室に奉納したという伝説にちなんでいる。

（ぶこう）

○**姥子**温泉

神奈川県足柄下郡箱根町にある。「姥子」の名称は「金太郎（坂田金時）」が、枯れ枝で目を傷めたときに、山姥が箱根権現のお告げに従ってこの湯で金太郎の目を洗い完治させた」という伝説に由来する。「貝掛温泉（新潟県南魚沼郡湯沢町）」「微温湯温泉（福島市）」とともに「日本三大目の湯」に数えられている。

（うばこ）

○**石和**温泉

○**白骨**温泉

○**下呂**温泉

○**祖母谷**温泉

○**湯谷**温泉

山梨県笛吹《ふえふき》市の温泉。玄関口となる石和温泉駅は、開業当時「石和」だったが、一九九三年、現在の駅名に改称されている。

（いさわ）

長野県松本市にある温泉。乗鞍岳《のりくらだけ》山麓の中部山岳国立公園にある。

（しらほね）

岐阜県下呂市の名泉。江戸時代の儒学者である林羅山が、有馬温泉、草津温泉とともに「三名泉」と記している。

（げろ）

富山県黒部市にあり、ほど近くに「祖父谷《じじだに》」という地名もある。

（ばばだに）

愛知県新城《しんしろ》市の温泉。この字の温泉は日本に数カ所あるが、富山県砺波《となみ》市、富山県南砺《なんと》市、島根県邑智《おおち》郡川本町《かわもとまち》にあるのは「『ゆだに』おんせん」と読み、山口県下関市にあるのは「『ゆたに』おんせん」と読む。

（ゆや）

○**入之波**温泉
奈良県吉野郡川上村にある温泉。湯の色が、時間が経つにつれて無色透明から黄金色に変化するのが特徴。「飲める温泉」としても知られている。

（**しおのは**）

○**芦原**温泉
福井県あわら市の温泉。「関西の奥座敷」と呼ばれ、人気も高い。玄関口となる鉄道駅として、北陸本線の「芦原温泉駅」、えちぜん鉄道・三国芦原線「あわら湯のまち駅」がある。

（**あわら**）

○**湯来**温泉
広島市にある。白鷺が傷を癒しているところを発見したとされる開湯伝説がある。「広島の奥座敷」と呼ばれている。

（**ゆき**）

○**三朝**温泉
鳥取県東伯《とうはく》郡三朝町にある古くからの名泉。

（**みささ**）

○**温泉津**温泉
島根県大田市にある名湯。『男はつらいよ　寅次郎恋やつれ』の舞台となっている。玄関口となるのは山陰本線の温泉津駅。

（**ゆのつ**）

○**斐乃上**温泉
島根県仁多《にた》郡奥出雲町《おくいずもちょう》にある。

（**ひのかみ**）

○**於福**温泉

○**祖谷**温泉

○**道後**温泉

○**嬉野**温泉

○**鉄輪**温泉

○**寝待**温泉

山口県美祢《みね》市にある温泉。玄関口となるのは美祢線の於福駅。「道の駅おふく」には入浴施設がある。　**（おふく）**

徳島県三好市の祖谷《いや》渓《だに》（「いやけい」とも）沿いにある。北海道の「ニセコ薬師温泉」、青森県の「谷地《やち》温泉」とともに日本三大秘湯のひとつに数えられている。　**（いや）**

愛媛県松山市にある。『日本書紀』では、有馬温泉（兵庫県）、白浜温泉（和歌山県）とともに「日本三古湯」とされている。夏目漱石の小説『坊っちゃん』に描かれていることでも有名。　**（どうご）**

佐賀県嬉野市にある温泉。「日本三大美肌の湯」のひとつ。　**（うれしの）**

大分県別府《べっぷ》市にある。別府温泉、浜脇《はまわき》温泉、観海寺《かんかいじ》温泉、堀田《ほりた》温泉、明礬《みょうばん》温泉、柴石《しばせき》温泉、亀川《かめがわ》温泉と合わせて「別府八湯」と呼ばれる。　**（かんなわ）**

鹿児島県熊毛《くまげ》郡屋《や》久《く》島町《しまちょう》の口永良部《くちのえらぶ》島にある。　**（ねまち）**

5章

できる大人の四字熟語

――ここ一番でさらりと使おう！

1 読み間違えやすい四字熟語

○一言居士

「自分の意見をひとつ言わないと気のすまない人」で、「一言抉《こじ》る」が転じた言葉。

（いちげんこじ）

○物見遊山

「ものみゆうざん」は誤り。気晴らしに見物や遊びに行く。

（ものみゆさん）

○合従連衡

「ごうじゅうれんこう」は誤り。もともとは「東西南北の国々とうまくやる」という意味で、転じて「はかりごとを巧みにめぐらした外交政策」を指す。

（がっしょうれんこう）

○人事不省

「じんじふしょう」という読み間違いが多い。昏睡状態に陥ること、意識不明になること。

（じんじふせい）

○喧喧諤諤

さまざまな意見が出て口やかましいという意味だが、「侃侃諤《かんかんがく》諤《がく》」と「喧喧囂囂《けんけんごうごう》」が混同されてできた。**（けんけんがくがく）**

○白河夜船

「しろかわよふね」の誤りが多い。京都見物をしてきたと嘘をついた人が、京都の白河（地名）を川だと思い「夜船で通った」と話したことから、「知ったかぶりする」の意味に。また、ぐっすり眠ってなにが起きたか知らないことのたとえ。**（しらかわよふね）**

○片言隻句

「へんげんしゅうく」は間違い。「片言」と「隻句」はともに「わずかな言葉」で、「片言隻句」も同じ意味。**（へんげんせきく／せっく）**

○上意下達

「じょういげたつ」と読みやすい。上の者の考えや命令を下の者に伝えること。**（じょういかたつ）**

○大言壮語

「だいごんそうご」は誤読。分不相応に大きなことを言う、実力以上のことを言うなどの意味。「大言」「壮語」ともに、大げさなことを話すこと。**（たいげんそうご）**

2 書き間違えやすい四字熟語

○完全無欠

「完全無決」と書き間違いやすい。完全で欠けがないため「無欠」と書く。

（かんぜんむけつ）

○厚顔無恥

「厚顔無知」は誤り。厚かましく、恥を恥とも思わないの意味だから「無恥」になる。

（こうがんむち）

○五里霧中

「五里夢中」は誤り。「霧の中にいるように見通しが立たず困る」ことなので、「霧中」と書く。

（ごりむちゅう）

○付和雷同

「不和雷同」と書き間違いやすい。自分の主張を持たず、軽々しく他人の説に同調すること。

（ふわらいどう）

○危機一髪

「危機一発」としやすい。「髪の毛一本ほどのわずかな差」と知っていれば間違えないはず。

(ききいっぱつ)

○一蓮托生

「一連托生」は誤り。結果にかかわらず行動や運命を共にするという意味。極楽浄土で同じ蓮華の上に生まれるから「一蓮」が正しい。

(いちれんたくしょう)

○玉石混交

「玉石混合」は間違い。価値のあるもの(玉)とないもの(石)が入り交じっているわけで、「混交」と書く。

(ぎょくせきこんこう)

○心機一転

「新規一転」や「心気一転」という書き間違いが多い。あることをきっかけに気持ちをすっかり入れ替える。「心機」は「気持ち」という意味。

(しんきいってん)

○自画自賛

「自我自賛」ではない。「自分の描いた絵を自分で賛《たたえ》る」わけだから「自画」が正しい。

(じがじさん)

○意思表示

「意志表示」は誤り。自分の意思(気持ち)を周囲に示すから「意思」と書くのが正しい。

(いしひょうじ)

3 「一」がつく四字熟語

○一心不乱
他のことに心を乱されず、ひとつに集中する。阿弥陀経の「我体を捨て南無阿弥陀仏と独一なるを一心不乱というなり」という一文に由来。

（いっしんふらん）

○一意攻苦
ひたすら苦労して勉強する。「一意」はひとつの事に集中する、「攻」は研究するという意味。

（いちいこうく）

○一朝一夕
わずかな期間。短い期間。

（いっちょういっせき）

○一往一来
行ったり来たりすること。この場合の「一」は、「あるときは」の意味。

（いちおういちらい）

○三位一体
三つのものがひとつになる。「聖書」の中で、父（神）と子（キリス

○衆議一決

○言行一致

○一騎当千

○一知半解

○一目瞭然

ト)、聖霊の三者がひとつの存在(神)として捉えられているため。(さんみいったい)

議論の結果、意見が一致してまとまる。「衆議」は多くの人の評議。(しゅうぎいっけつ)

言葉と実際の行動が一致している。「言行」は、発言と行動。(げんこういっち)

卓越した知識や技術などがある。「騎」は兵士。一人の兵士が千人分の戦力に相当するということ。(いっきとうせん)

物事を十分理解しておらず、自分のものになっていない。なまかじりの知識。(いっちはんかい)

ひと目見ただけではっきりわかること。「瞭然」は、はっきりしていて疑いのないさま。(いちもくりょうぜん)

4 「同じ漢字」を使う四字熟語

○一言一句

ひとつひとつの言葉。「いちげんいっく」と読むことも。

（いちごんいっく）

○悪因悪果

悪い行いが原因となり、悪い結果が生じる。

（あくいんあっか）

○絶体絶命

非常に厳しい立場や場面に追い詰められる。「絶体」と「絶命」は、占いで凶事を表す星の名前に由来する。

（ぜったいぜつめい）

○全知全能

すべてを知り、なんでもできること。もともとはギリシャ神話の最高神ゼウスを示す言葉で、それが中国ではこう表現されたという説も。

（ぜんちぜんのう）

○十人十色

考え方や好み、やり方などが人それぞれ違っていること。江戸時代に成立した言葉とも。

（じゅうにんといろ）

○私利私欲

自分の利益だけを追求したり欲望を満たしたりするためにとる行動。「私利私欲に走る」など。

（しりしよく）

○以心伝心

声に出さなくても互いに理解しあえること。慧《え》能《のう》という高僧が「法即以心伝心、皆令自悟自解」と語った。

（いしんでんしん）

○死屍累累

多くの死体が積み重なっている様子。「死屍」は死体、「累累」は、うず高く積み上げられている様子。

（ししるいるい）

○丁丁発止

激しくやり合う。「丁々」は「物を強く打ち続ける音」、「発止」は「堅い物同士がぶつかる音」。刀がぶつかり合う音を表現した。

（ちょうちょうはっし）

○唯唯諾諾

まったく逆らわず他人の言いなりになる。「唯唯」は「はいはい」という返事、「諾諾」はすぐに承知するという意味。

（いいだくだく）

5 読み方がとびきり難しい四字熟語

○魚目燕石

魚の目や燕山から出る石は玉（宝石）に似ているが、比べものにならないいくらい価値が低い。そこで、「似て非なるもの」「偽物」という意味。

（ぎょもくえんせき）

○哀毀骨立

父母など近親者の死を悲しむあまり、体がやせ衰えて骨ばる。

（あいきこつりつ）

○臥薪嘗胆

目的を成し遂げるためにたいへんな苦労をする。春秋時代に越と戦い、父を失った呉の国王が、苦しみの末に復讐を果たしたことから。

（がしんしょうたん）

○燕頷虎頸

燕のようなあごと虎のような頭をした人で、支配者の人相とされる。

（えんがんこけい）

○槿花一朝

○已己巳己

○閻浮檀金

○奸佞邪知

○筆耕硯田

○左顧右眄

栄華ははかないことのたとえ。槿花という花はとても美しいが、朝咲くと夕べにはしぼんでしまう。

（きんかいっちょう）

○巳已巳己

似ているもののたとえ。それぞれの字がよく似ているため。

（いこみき）

良質の金、または金塊のこと。仏教の世界では、想像上の木である閻浮樹《えんぶじゅ》の下に金塊が埋まっているとされる。

（えんぶだごん）

心がねじ曲がっていて悪知恵が働き、人にこびへつらうという意味。「奸佞」は心がねじ曲がっている、「邪知」とは悪知恵。

（かんねいじゃち）

文章を書いて生計を立てる。「筆」で「硯」の「田」を「耕」すということ。

（ひっこうけんでん）

あちこち見回すということから、判断を下す際に人の意見や噂、思惑などを気にしてばかりいるという意味で使われる。

（さこうべん）

6 「季節」を感じられる四字熟語

○桜花爛漫

桜の花がみごとに咲き乱れている様子。「爛漫」は、花が満開で、きらびやかという意味。

（おうからんまん）

○一陽来復

冬が終わり春が来る。転じて「悪い事が続いたが、ようやく幸運に向かいはじめた」という意味にも。

（いちようらいふく）

○春宵一刻

春の夜の心地よさは何物にも代えがたい。古代中国の蘇軾《そしょく》の詩「春宵一刻　直《あたい》千金」に由来する。

（しゅんしょういっこく）

○三寒四温

寒い日が三日ぐらい続いた後、比較的暖かい日が四日ほど続くこと。もとは冬の季節の進み方を表現していたが、最近は春の進み方を示すことが多い。

（さんかんしおん）

○春風駘蕩
○夏雲奇峰
○夏炉冬扇
○白砂青松
○碧落一洗
○刻露清秀
○秋風索漠

春の風は穏やかで心地よく、景色はのどかである。転じて、「温和でゆったりした性格」。（しゅんぷうたいとう）

入道雲が夏の空に山の頂のような珍しい形の雲を作ること。宋の詩人陶淵明《とうえんめい》は「夏雲多奇峰」と詠んだ。（かうんきほう）

時期外れで役に立たないもののたとえ。「夏炉」は夏のいろり、「冬扇」は冬のうちわ。（かろとうせん）

美しい海岸を表す。白い砂浜と青々とした松林。「はくさせいしょう」とも。（はくしゃせいしょう）

激しい雨が降った後に、空がからりと晴れ渡る。「碧落」は晴れ渡った空、「一洗」はきれいに洗い流すこと。（へきらくいっせん）

すがすがしい秋の景色をたとえる言葉。「刻露」は、秋に葉が落ちて山の姿が露わになる、「清秀」は空気が澄み眺めが良いこと。（こくろせいしゅう）

秋風が吹き始め、さびしい景色に変わるさま。転じて、勢いが衰

○新涼灯火

○風霜高潔

○秋高馬肥

○初秋涼夕

○台風一過

えてさびしくなるさまを表す。「索漠」は、さびしい、気分が滅入るという意味。（しゅうふうさくばく）

涼しくなりはじめた初秋は、明かりの下で読書をするのにふさわしい。「新涼」は、初秋の涼しさを表す。（しんりょうとうか）

清らかに澄みきった秋の景色をたとえた言葉。古代中国の詩が由来。（ふうそうこうけつ）

秋の空は高く澄みわたり、馬も食欲を増して太る。一般的に、「天高く馬肥ゆる秋」という言葉で、さわやかな秋の季節を表しているとされるが、もとは、前漢の将軍が、北方の騎馬民族が収穫の季節に襲来することを警戒してこう語ったもの。（しゅうこうばひ）

秋のはじめの過ごしやすい涼しい夜。（しょしゅうりょうせき）

台風が通り過ぎた後は、さわやかな晴天が訪れる。二百十日（九月一日頃）から二百二十日（九月一〇日頃）までに使われる言葉。

転じて、問題が解決し、すっきりすること。（たいふういっか）

○**秋天一碧**

見渡すかぎり雲ひとつない青い秋空。「一碧」は、見渡すかぎりの青色という意味。

（**しゅうてんいっぺき**）

○**紅葉良媒**

男女の不思議な因縁の意。書生が紅葉に詩を書いて川に流したところ、それを拾った宮女と知り合い、結婚に至ったという故事から。「良媒」は、よい仲人（媒妁人）の意。

（**こうようりょうばい**）

○**一葉知秋**

「一枚の葉が落ちて秋の訪れを知る」が転じて、わずかな前兆から物事の行方を察知するという意味に。

（**いちようちしゅう**）

○**秋霜烈日**

「秋霜」は秋に冷たい霜。「烈日」は夏の烈しい日ざし。刑罰や権威がたいへん厳しくおごそかなことのたとえ。

（**しゅうそうれつじつ**）

○**寒山枯木**

冬のさびしい風景。「寒山」はひっそりとして寒々しい山、「枯木」は葉がすべて落ちた木。

（**かんざんこぼく**）

6章

できる大人の慣用句とことわざ

――語彙力が格段に上がる！

1 行動を表す慣用句

○踏んだり蹴ったり
繰り返しひどい目にあう。
（ふんだりけったり）

○愛嬌を振りまく
誰に対しても、にこやかな態度をとる。「愛想を振りまく」という誤用が多い。
（あいきょうをふりまく）

○甘い汁を吸う
他人を利用して、自分は苦労せずに利益を得ること。
（あまいしるをすう）

○赤子の手を捻る
力が弱くて抵抗できない者を自分勝手に扱う。転じて「物事が容易にできる」の意味で使われる場合も。

（あかごのてをひねる）

○悪態をつく
口汚くののしったり、けなしたりする。
（あくたいをつく）

○顎が落ちる

食べ物の味がとてもよい。「ほっぺたが落ちる」と同じ意味。

（あごがおちる）

○気が抜ける

気持ちの張りがなくなりボンヤリする。または、飲み物などの風味がなくなる。

（きがぬける）

○至れり尽くせり

配慮が行き届いて申し分がないこと。

（いたれりつくせり）

○肩透かしを食う

意気込んで向かっていったが、勢いをうまくそらされること。相撲の決まり手のひとつ「肩透かし」に由来している。

（かたすかしをくう）

○押しが強い

自分の意思どおりに強引に事を運ぼうとすること。転じて「厚かましい」の意味も。

（おしがつよい）

○一矢を報いる

自分に向けられた激しい攻撃や非難などに対し、大勢は変えられないが、一応、反撃や反論をすること。

（いっしをむくいる）

2 身体に関する慣用句 【頭】と【髪の毛】

○頭打ち
物事が限界に達し、これ以上は向上できない状態になる。
（あたまうち）

○頭を冷やす
興奮した気持ちを抑え、冷静になる。
（あたまをひやす）

○頭が下がる
自然と敬服や尊敬の気持ちが起こる。
（あたまがさがる）

○念頭に置く
あることをいつも忘れずにいる。覚えておいて心にかける。「念頭に入れる」は誤り。
（ねんとうにおく）

○頭を捻る
あれこれ思いを巡らしたり、疑問に思ったりする。「首をひねる」とも。
（あたまをひねる）

○頭角を現す
人がたくさんいるなかで、才能が豊かで、ひときわ目立ち始めること。
（とうかくをあらわす）

○後髪を引かれる

未練が残って先へ進めない。または、きっぱりと思い切れない。

（うしろがみをひかれる）

○間髪を容れず

少しの時間も置かない様子。間に髪の毛一本も入れる余地がないことから。「かんぱつ」と続けて読む人がいるが、「かん、はつをいれず」が正しい。

（かんはつをいれず）

○髪を下ろす

頭髪をそって僧や尼になる。「下ろす」は「剃る」という意。

（かみをおろす）

○旋毛を曲げる

気分をそこねたために、わざと逆らって意地悪をする。

（つむじをまげる）

○緑の黒髪

つやのある美しい黒髪のこと。「翠髪」「緑髪」という言葉に由来。

（みどりのくろかみ）

○怒髪天を衝く

激怒して髪の毛が逆立っている様子。

（どはつてんをつく）

3 身体に関する慣用句 【鼻】と【耳】

○鼻を明かす
思いがけないことをして、優位に立っている相手を驚かせる。
（はなをあかす）

○鼻息が荒い
強気で威勢がよいこと。思い込みが激しく、他人の話を受けつけようとしない様子。
（はないきがあらい）

○鼻歌交じり
鼻歌を歌いながら、気軽になにかをする。のんきな様子。
（はなうたまじり）

○鼻が高い
誇らしい気持ちになる。得意気にする。
（はながたかい）

○鼻を突く
臭いが強く鼻を刺激すること。「鼻に付く」も同じ意味だが、こちらには、飽きていやになる、人の言動を鬱陶しく感じる、という意味もある。

（はなをつく）

○鼻を折る
得意ぶっている人を凹ませて恥をかかせる。
（はなをおる）

○鼻が利く
敏感で、物を見つけ出したり世の中の動きを察知したりするのが得意なこと。
（はながきく）

○耳が痛い
自分の弱点や触れられたくないところを指摘され、とても聞くのがつらい。
（みみがいたい）

○耳を揃える
あらかじめ決められた金額を用意する。「大判小判の縁（耳）を揃える」ことに由来している。

（みみをそろえる）

○小耳に挟む
聞くともなしに聞いてしまう。「小耳に聞き挟む」とも。
（こみみにはさむ）

○耳を疑う
聞いたことが信じられない状態。
（みみをうたがう）

○耳に入れる
自分の知っている話や情報を誰かに知らせる。
（みみにいれる）

○耳に胼胝ができる
同じ事を何度も聞かされて嫌になってしまう。
（みみにたこができる）

4 動物が出てくる慣用句　【野生の動物】と【鳥】

○同じ穴の狢

一見すると関係ないようでも、実は同類である。悪い意味で使われる。「狢」は、タヌキまたはアナグマのこと。

（おなじあなのむじな）

○象牙の塔

閉鎖社会のたとえで、学者の研究室などを指す。フランスの文芸批評家サントブーブの言葉。

（ぞうげのとう）

○張子の虎

外見は強そうだが、実は弱い者。虎の形をした首の動くおもちゃに由来。

（はりこのとら）

○脱兎

逃げ出し方などが非常に速いたとえ。

（だっと）

○生き馬の目を抜く

生きている馬の目を抜き取るくらい、すばやく物事をする。

（いきうまのめをぬく）

○猿に烏帽子

人柄にふさわしくないことのたとえ。烏帽子とは貴族が平安時代の頃からかぶっている帽子。

（さるにえぼし）

○雀の涙

雀が流す涙ほどわずかなこと。

（すずめのなみだ）

○百舌勘定

自分の分の金を出そうとせず、他人にばかり出させようとすること。鳩と鴫《しぎ》と百舌が買い物をしたとき、百舌が一文《もん》も出さなかったという昔話に由来。

（もずかんじょう）

○鳩に豆鉄砲

突然のことに驚き、きょとんとしている様子。

（はとにまめでっぽう）

○閑古鳥が鳴く

客が来ず、ひっそりしている、はやらない店の様子。閑古鳥とはカッコウのこと。

（かんこどりがなく）

○鵜呑み

物事の根本をよく理解せず、受け入れてしまう。鵜は魚を丸呑みにするから。

（うのみ）

○烏の行水

風呂に入ってもゆっくりせず、すぐに出てしまうこと。

（からすのぎょうずい）

5 色に関する慣用句　【白】と【黒】と【青】

○白羽の矢

多くの中から選び出すこと。生け贄を求める神が、望む少女の住む家の屋根に白羽の矢を立てるという俗説に由来。（**しらはのや**）

○白眉

たくさんのなかで最も優れている人物や物のたとえ。（**はくび**）

○白黒をつける

物事の真偽や善悪、是非などを決める。「黒白をつける」と書いたときは「こくびゃく」と読む。（**しろくろをつける**）

○白紙に返す

今までの経緯をなかったものとして、元の状態に戻す。（**はくしにかえす**）

○白を切る

わざと知らない振りをする。しらばくれる。（**しらをきる**）

○白い目で見る

相手を冷淡に、または悪意のこもった目つきで見る。「白眼視」とも。（**しろいめでみる**）

○**目白押し**

たくさんの人で混み合う、または物事が集中する。メジロが押し合うように枝に並んでとまる様子から。

（めじろおし）

○**白星**

相撲の星取り表で勝利を示す白い丸だが、転じて「手柄を立てる」「勝負に勝つ」などの意味も。

（しろぼし）

○**雪に白鷺**

見分けがつかない、目立たないことのたとえ。「闇夜に烏」と同意。

（ゆきにしらさぎ）

○**白髪三千丈**

心配事や悲しみがあまりにも深いことのたとえ。長年の悩みや悲しみのために、髪が白くなり、長く伸びてしまった様子を表している。

（はくはつさんぜんじょう）

○**頭の黒い鼠**

物を盗む人という意味。家の中で金品が紛失したときなどに「犯人はネズミではなく人間」とほのめかして使う。

（あたまのくろいねずみ）

○**一家の大黒柱**

家族の中心となり、経済的、精神的な支えとなっている人。「大黒柱」は建物の構造上最も重要な柱。

（いっかのだいこくばしら）

○腹黒い

○目を白黒させる

○目の黒いうち

○黒い霧

○黒白を弁ぜず

○這っても黒豆

悪いことを考えている、悪だくみをしている。

（はらぐろい）

ひどく驚いて慌てる様子。また、苦しさのあまり眼球をしきりに動かすの意味も。

（めをしろくろさせる）

生きている間。

（めのくろいうち）

ある出来事の背後に、不正な行為や重大な犯罪などが隠されていること。松本清張の小説『日本の黒い霧』に由来している。

（くろいきり）

物事の善悪や是非、正邪などの区別ができないこと。

（こくびゃくをべんぜず）

自分の誤りを認めようとせず、頑として主張を曲げないこと。虫を黒豆と勘違いし、それが間違いとわかっても黒豆だと言い張ることから。

（はってもくろまめ）

○**漆黒の闇**

まったくなにも見えないほどの暗さ。

（しっこくのやみ）

○**青写真を描く**

未来の抱負や構想、おおよその計画。青写真という複写技術が設計図に用いられたため。

（あおじゃしんをえがく）

○**青菜に塩**

元気だった者がなにかをきっかけにしてしょげたり、ぐったりしてしまう様子。青菜に塩を振るとしおれてしまうから。

（あおなにしお）

○**青天の霹靂**

直訳すると、「青く晴れ渡った空に、突然発生した雷」で、思いがけず生じた大事件という意味。

（せいてんのへきれき）

○**青二才**

年が若く、経験に乏しい人に対して見下げた表現。自分に対して使う場合は謙遜の言葉になる。「青」は「未熟」という意。

（あおにさい）

○**青雲の志**

出世をしたり、有名になったりしたいという高い志。

（せいうんのこころざし）

6 実は小学生のときに習ったことわざ

○医者の不養生

他人には立派なことを言いながら、自分ではまったく実行しないことのたとえ。

（いしゃのふようじょう）

○小田原評定

長びいてなかなか結論の出ない会議や話し合い。豊臣秀吉に小田原城を攻められた北条氏が、いつまでも決断を下せなかったことに由来。

（おだわらひょうじょう）

○鵜の真似をする烏

自分の能力をわきまえずに他人の真似をすると失敗する。姿が似ていても、烏が鵜の真似をして川に飛び込むと溺れてしまうことから。

（うのまねをするからす）

○一事が万事

ひとつのことを見れば、他のすべてのことを推し量ることができるという意味。

（いちじがばんじ）

○鬼の霍乱
人一倍丈夫な人が、珍しく病気にかかること。（**おにのかくらん**）

○火中の栗を拾う
危険を承知で、問題の処理や責任のある立場を引き受けること。（**かちゅうのくりをひろう**）

○光陰矢の如し
月日の経つのが早いことのたとえ。（**こういんやのごとし**）

○弘法にも筆の誤り
名人でも時には失敗するのだから、凡人は失敗するのが当然。書の達人だった弘法大師も文字を間違えたことがある。（**こうぼうにもふでのあやまり**）

○提灯に釣鐘
形は似ていても重さがまったく違うことから、「比べものにならない」「釣り合わない」。また、「片方が重い」ので「片思い」を表すことも。（**ちょうちんにつりがね**）

○灯台下暗し
近くにあるものには意外と気づきにくい。この「灯台」は岬の灯台ではなく、かつて室内で使っていた照明器具。（**とうだいもとくらし**）

7 天気のことわざ

○狐の嫁入り

日が照っているのに雨が降ること。「天泣」や「天気雨」とも。

（きつねのよめいり）

○朝雨は女の腕まくり

朝の雨はすぐにやんで晴れるもの。女性が腕まくりをしてけんか腰になっても、すぐに終わるから怖くはない。

（あさあめはおんなのうでまくり）

○暑さ寒さも彼岸まで

残暑が厳しくても秋の彼岸頃には凌ぎやすくなる。冬の寒さも春の彼岸頃には和らいでくる。

（あつささむさもひがんまで）

○夜の鳶に雨具を貸すな

夜中に鳶が鳴くと明日は晴れるので、人に雨具を貸す必要はない。

（よるのとびにあまぐをかすな）

○東雷雨降らず

東の方から雷鳴が聞こえるときは、雨になることはない。
（ひがしかみなりあめふらず）

○旱の朝曇り

ひでりのときは、朝のうちは曇りのことが多い。
（ひでりのあさぐもり）

○雲雀が高く昇ると晴れ

ヒバリが高いところを飛ぶのは、高気圧に覆われて大気が安定しているため。
（ひばりがたかくのぼるとはれ）

○夕焼けに鎌を研げ

夕焼けになると翌日は晴天になるので、農作業の準備に鎌を研いでおくといい。
（ゆうやけにかまをとげ）

○夜上がり天気雨近し

夜に雨があがっても好天は長続きせず、また雨が降る。
（よあがりてんきあめちかし）

○朝虹は雨夕虹は晴

虹が朝に出た場合はやがて雨が降る。夕方に虹が出たら、翌日は晴れになる。
（あさにじはあめ　ゆうにじははれ）

○風十里、雨二十里

風や雨の及ぶ範囲。
（かぜじゅうり、あめにじゅうり）

8 数字が入ったことわざ

○一か八か

結果がどうなるか予想がつかず、運を天にまかせてやってみる。

（いちかばちか）

○一姫二太郎

子どもを育てるには、一人目が女児、二人目が男児が理想ということ。男児よりも女児の方が育てやすいとされるため。

（いちひめにたろう）

○三つ子の魂百まで

幼い頃の性格は、年をとっても変わらない。

（みつごのたましいひゃくまで）

○五十歩百歩

二つの物を比べた際に、どちらも同じようなものというたとえ。

（ごじっぽひゃっぽ）

○親の光は七光

子どもが親の社会的地位や名声の恩恵を大いに受けること。

（おやのひかりはななひかり）

○海千山千

世の中でさまざまな経験を積み、したたかになった人。海に千年山に千年すみついた蛇は龍になるという言い伝えに由来。**（うみせんやません）**

○口八丁手八丁

口先も手先も達者である。「手八丁口八丁」とも。**（くちはっちょうてはっちょう）**

○天は二物を与えず

神様は一人の人間にそれほど多くの才能は与えない。**（てんはにぶつをあたえず）**

○二階から目薬

遠回りしすぎていて効果が出ない、もどかしいこと。**（にかいからめぐすり）**

○六十の手習

かなり年を取ってから勉強や習い事を始めること。「六十」は具体的な年齢を示しているわけではない。**（ろくじゅうのてならい）**

○一度が末代

一生のうちにたった一度だけやったことが、永遠に言われ続けること。**（いちどがまつだい）**

9 恋愛に関することわざ

○蓼食う虫も好き好き

人の好みはさまざま。蓼の葉は辛いのに食べる虫もいるのだから。（たでくうむしもすきずき）

○恋は盲目

恋は人を夢中にさせ、理性や正常な判断力を失わせてしまう。（こいはもうもく）

○惚れた欲目

好きになった人は、実際以上によく思えてしまうものだ。（ほれたよくめ）

○焼け木杭に火がつく

以前に関係のあった男女は、再び元の関係に戻りやすい。一度焼けた木には火がつきやすいから。（やけぼっくいにひがつく）

○添わぬうちが花

結婚して一緒に暮らし始めると、お互いの欠点が目立ち、嫌なことも増えるようになる。結婚前がいちばん幸せだという教え。

○本木に勝る末木なし

○可愛さ余って憎さ百倍

○痘痕も靨

○鳴かぬ蛍が身を焦がす

○縁は異なもの

結局は最初につき合った人がいちばんということ。「本木」は「木の幹」、「末木」は「木の枝」。

（そわぬうちがはな）

（もときにまさるうらきなし）

好きという気持ちが強ければ強いほど、関係が悪化するとその分、激しい憎しみが湧いてくるという意味。

（かわいさあまってにくさひゃくばい）

好きになったり、ひいき目で見たりすると、どんな欠点でも長所のように見える。

（あばたもえくぼ）

普段、なにも口にしない人の方が激しい思いを抱いているものだ。

（なかぬほたるがみをこがす）

男女はどこでどう結ばれるかわからず、不思議で面白いものだ。「縁は異なもの味なもの」の短縮形。

（えんはいなもの）

10 お金に関することわざ

○早起きは三文の徳(得)

朝早く起きると、なにかよいことがある。「朝起きは三文の得」「早起き三両倹約五両」などとも。（はやおきはさんもんのとく）

○時は金なり

時間はお金と同じくらい大切なものだから、無駄に費やしてはいけない。（ときはかねなり）

○悪銭身につかず

不正な手段で手に入れたお金は、無駄遣いするので、すぐになくなってしまう。（あくせんみにつかず）

○地獄の沙汰も金次第

お金さえあればなんでも解決できる。地獄で行き先を決める裁判も金の力で有利になるということから。（じごくのさたもかねしだい）

○安物買いの

安物を買うと品質が悪かったりすぐに壊れたりして、かえって

銭失い

損になる。（やすものがいのぜにうしない）

○**無い時の辛抱　ある時の倹約**

お金がないときにはじっと我慢し、お金があるときには浪費を避けるのが賢明だ。（ないときのしんぼう　あるときのけんやく）

○**愛想尽かしは金から起きる**

人間関係が悪化する原因は金銭問題にあることが多い。（あいそつかしはかねからおきる）

○**借りる時の地蔵顔　済す時の閻魔顔**

金品を借りるときは愛想良くしているが、返す段になると不満顔になるという人間の心理を表している。（かりるときのじぞうがお　なすときのえんまがお）

○**朝駆けの駄賃**

簡単なことの意味。朝の馬は元気で、軽々と荷物を運んでくれることに由来。（あさがけのだちん）

○**爪に火を点す**

ひどく貧しい生活や、苦労して倹約すること。また、ケチのたとえ。ロウソクの代わりに爪に火をつけて明かりをとろうとするから。（つめにひをともす）

7章

これだけは知っておきたい！類義語と対義語

――漢字の「使い分け」に敏感になる

1 類義語　その①

陰謀……ひそかにたくらんでいる悪事。（いんぼう）

策略……目的を達成するために相手を陥れるはかりごと。（さくりゃく）

誠実……相手の立場を考え、良心に従って行動する様子。（せいじつ）

真面目……使命感に燃えて行動するさま。自らも節度を守り、相手にもそれを要求する。（まじめ）

華美……ぜいたくで派手。華やかできれいな様子。（かび）

派手……姿・形・色彩などが華やかで人目をひく。また、態度・行動などが大げさなこと。（はで）

臆病……怖がらなくてもいいことを怖がる様子。そんな性質。**（おくびょう）**

小心……たいへん気が小さく用心深い。**（しょうしん）**

免職……職をやめさせること。とくに、公務員の地位を失わせる場合。**（めんしょく）**

解雇……使用者側から雇用契約を解除すること。クビにする。**（かいこ）**

度量……他人の言行を拒否せずに受け入れる、広くおおらかな心。**（どりょう）**

器量……あることをするのにふさわしい才能、能力、人徳。**（きりょう）**

運搬……物品を運んで移す。**（うんぱん）**

運送……荷物や客を営業として目的の所に運ぶ。**（うんそう）**

雑踏……思うように進めないくらい混雑している様子。**（ざっとう）**

混雑……人や物が無秩序に入りまじっている状態。**（こんざつ）**

2 類義語　その②

冷酷……………思いやりがなく、むごい様子。（れいこく）
非情……………人間らしい感情を持たない。感情に左右されない。（ひじょう）
移転……………主に役所や会社などが住所を他に移すこと。（いてん）
転居……………主に個人が住所を他に移す。（てんきょ）
本懐……………以前から「こうありたい」と願っていた事柄。（ほんかい）
念願……………あることを常に心にかけて強く望む。（ねんがん）
欠点……………不十分なため、補わなければならない箇所。（けってん）
短所……………いろいろな働きの中で見られる良くない面。（たんしょ）

覇気……物事に積極的に取り組もうとする意気込み。（はき）

気概……困難にくじけない強い意志。（きがい）

意味……言葉が示す内容。また、言葉がある物事を示すこと。（いみ）

意義……その事柄にふさわしい価値。（いぎ）

円熟……十分に上達し、欠点が見られなくなる。（えんじゅく）

老練……その道での経験を積み、上手なこと。（ろうれん）

釈明……自分の立場や考えを説明して、誤解を解いたり、理解を求めたりする。（しゃくめい）

弁解……言い訳をする。ミスを正当化する気持ちがある表現。（べんかい）

伝道……主としてキリスト教の教義を広めること。（でんどう）

布教……ある宗教を一般に広めること。（ふきょう）

3 類義語　その③

荘重……厳かで重々しく、強い感銘を与える。（**そうちょう**）

厳粛……厳かで心が引き締まる。その場にいる者が一様に真剣な雰囲気を保とうとする様子。（**げんしゅく**）

交渉……特定の問題について相手と話し合う。掛け合うこと。（**こうしょう**）

折衝……利害関係が一致しない相手と、問題を解決するためにかけひきをする。（**せっしょう**）

恐喝……相手の弱みなどにつけこんで脅す。また、脅して金品をゆすりとる。（**きょうかつ**）

脅迫……相手にあることをさせようと脅しつける。（**きょうはく**）

平穏……変わったこともなく、おだやかな様子。（へいおん）
安寧……無事でやすらか。とくに、世の中が穏やかで安定している。（あんねい）

抜粋……書物や作品からすぐれた部分や必要な部分を抜き出す。（ばっすい）
抄録……原文から必要な部分だけを書き抜く。（しょうろく）

断食……修行や祈願などを目的に食物を断つ。（だんじき）
絶食……食物をまったくとらないこと。（ぜっしょく）

元日……一年の最初の日。一月一日。（がんじつ）
元旦……一月一日の朝。（がんたん）

皇族……天皇を除く、皇后・太皇太后・皇太后・親王・親王妃・内親王・王・王妃・女王の総称。（こうぞく）
皇室……天皇およびその一族。天皇と皇族。（こうしつ）

4 類義語　その④

倹約……むだ遣いをしないよう、費用をできるだけ少なくする。（けんやく）

節約……むだ遣いをやめて費用を切りつめる。（せつやく）

性格……個人に特有の感情や意志の性質、傾向。（せいかく）

性質……生まれつきのたち、事物の特徴。（せいしつ）

気質……身分・職業・年齢層・環境などが同じ人の間にみられる特有の気風・性格。（きしつ・かたぎ）

気性……生まれつき持っている性質。（きしょう）

豪華……ぜいたくで、派手なこと。（**ごうか**）

豪勢……並外れてぜいたくな様子。（**ごうせい**）

休息……仕事などをやめて体を休ませる。（**きゅうそく**）

休憩……なにかしていることを一時的に中断して休む。（**きゅうけい**）

習慣……長い間繰り返しているうちに、それがきまりのようになったもの。（**しゅうかん**）

慣習……ある社会で古くから受け継がれてきた生活上のならわし。（**かんしゅう**）

献金……ある目的に役立ててもらうように、お金を献上すること。「企業献金」など。（**けんきん**）

寄付金……公共事業などを助けるために、お金や物を贈る。（**きふきん**）

5 対義語 その①

異端……その時代や社会で正統と考えられているものの反対の学説や信仰。（**いたん**）

正統……正しい系統。創始者の教えを正しく受け継いでいること。最も妥当とされる思想など。（**せいとう**）

温暖……気候が穏やかで暖かな様子。「温暖前線」など。（**おんだん**）

寒冷……冷え冷えとした様子。「寒冷地帯」など。（**かんれい**）

自由……自分の意のままに振る舞えること。勝手気まま。（**じゆう**）

束縛……制限を加えて自由を奪う。または、まとめて縛る。（**そくばく**）

歓喜……非常に喜ぶ。また、心からの喜び。「歓喜の声をあげる」など。（かんき）

悲哀……悲しくてあわれ。「人生の悲哀」「サラリーマンの悲哀」のように使う。（ひあい）

錠剤……薬を一定の形状に固めて飲みやすくしたもの。（じょうざい）

散薬……粉薬。「散薬はオブラートに包む」など。（さんやく）

率先……進んで事を行う。人の先に立ってなにかをする。（そっせん）

追随……他人のした後からついていく。人の業績をまねて追いつこうとする。（ついずい）

紛争……事がもつれて争うこと。もめごとの漢語的表現。（ふんそう）

和解……反発していたものや争っていたものが互いに譲歩して争いをやめる。（わかい）

6 対義語　その②

興隆……勢いが盛んになって、存在が目立つようになる。「興隆を極める」など。**（こうりゅう）**

衰亡……次第に衰え滅びる。衰えた結果、滅びること。「ローマ帝国の衰亡」などと使う。**（すいぼう）**

慎重……注意深く、軽はずみな行動をしない。「慎重派」など。**（しんちょう）**

軽率……物事を深く考えずに軽々しく行うこと。**（けいそつ）**

解雇……雇い主による一方的な労働契約の解除。**（かいこ）**

採用……適当であると思われる人物・意見・方法などを、とり上げて用いること。**（さいよう）**

悪魔……人に災いをもたらしたり人をたぶらかしたりする悪霊。転じて、そうした行いをする人。（**あくま**）

天使……天の神の使者。また、心が清らかである、優しい人のたとえ。（**てんし**）

冗漫……表現に無駄が多く、長たらしい。「冗漫な文章」などと使われる。（**じょうまん**）

簡潔……手短ではっきりしている。無駄がなく要領を得ている。（**かんけつ**）

分裂……ひとつのものがいくつかに分かれて、まとまりを失う。「細胞分裂」など。（**ぶんれつ**）

統一……相互に連絡のないものを集めて、ひとつのまとまりのあるものに仕上げる。（**とういつ**）

7 対義語　その③

膨張……ふくれあがる。規模が広がって大きくなる。また、数量が増大すること。「膨張率」などと使われる。（**ぼうちょう**）

収縮……引き締まり縮まること、または引き締め縮める。「筋肉の収縮」など。（**しゅうしゅく**）

一致……食い違いなく同じである様子。二つ以上のものがぴったりひとつになる。（**いっち**）

相違……二つのものの間に違いがある。互いに異なること。よく使われるのは「意見の相違」など。（**そうい**）

期待……あることが起こるように心の中で待ち望む。当てにして心待ちにする。（**きたい**）

失望……期待がはずれてがっかりすること。また、その結果、希望を持てなくなること。（**しつぼう**）

検挙……犯罪事実を取り調べるために、司法権によって被疑者の身柄を警察に連れて行く。（**けんきょ**）

釈放……拘束を解いて自由にする。刑事法では、在監者の拘禁を解く。「被疑者を釈放する」などと使われる。（**しゃくほう**）

諮問……有識者または一定機関に、意見を求める。「諮問機関」はよく使われる言葉のひとつ。（**しもん**）

答申……上司に対し意見を申し述べる。とくに諮問機関が行政官庁に意見を出すこと。（**とうしん**）

8 対義語　その④

未熟……果物などがまだ成熟していない。また、学問、技術、修養などが一人前でない状態。（**みじゅく**）

老練……その道での経験を積み、物事に慣れ、巧みである。なにをやらせても上手なこと。（**ろうれん**）

穏健……考え方や言動などがおだやかで、行きすぎがなく、しっかりしているさま。（**おんけん**）

過激……考え方ややり方が世間の常識からかけ離れている。度を越して激しいさま。（**かげき**）

虐待……ひどい、よくない扱いをする。むごい扱いをする。「動物虐待」などと使われる。（ぎゃくたい）

愛護……かわいがって大切に庇護する。「動物愛護の心」といった表現に。（あいご）

簡略……手短で簡単なこと。よく使われるのは「手続きの簡略化」など。（かんりゃく）

詳細……細かいところまで詳しい様子。「詳細な地図」のように使う。（しょうさい）

革新……旧来の制度・組織・方法・習慣などを改めて新しくすること。（かくしん）

保守……正常な状態を保つ。旧来の風習・伝統・考え方などを重んじて守ること。（ほしゅ）

8章

ここに注意！ 同音異義語と同訓異字

――「同じ読み」から漢字をイメージする力を磨く

1 同音異義語　その①

きしょう

○気性
行動の型から分けられるその人の性質。生まれつきの性情。気だて。

○希少
まれで少ないこと。

○気象
大気の状態や現象。

かいほう

○快方
病気などがよくなること。

○介抱
病人、けが人などの世話をする。

○開放
戸などを開け放つこと。施設を一般の人が利用できるようにする。「学校の体育館を開放する」など。

○解放

束縛を取り除き、自由にすること。「人質を解放する」など。

かんこう

○刊行

書籍などを印刷して世に出す。出版。

○完工

工事を完了する。

こうぎ

○抗議

相手の言動や行動を不当として、反対意見を主張する。

○講義

学問の意義や特有の理論や方法を、先輩や師が学生などに説いて聞かせる。

しじょう

○私情

個人としての情。私欲を成し遂げようとする心。

○至上

このうえもないこと。最善のもの。

2 同音異義語　その②

こうしゅう

○講習　学問や技芸などを研究し練習すること。

○公衆　社会一般の人々。大衆。

こうさく

○工作　器物などを作る。土木、建築などの仕事。ある目的のためにあらかじめ行う計画的な働きかけ。

○交錯　いくつかのものが入り混じるさま。

○耕作　田畑を耕して穀物や野菜などを栽培する。

せいさん

○精算

○清算

○生産

かいこ

○回顧

○懐古

けっさい

○決済

○決裁

金額などを細かく計算する。とくに、料金などの過不足を計算しなおすこと。

貸し借りの結末をつける。転じて、過去の関係などについてはっきりした始末をつける。

生活に必要な物資などをつくり出す。

あんなことがあった、こんなこともあったなどと、昔をいろいろ思い出すこと。

昔の情緒や風俗などを思い懐しむこと。

代金や証券・商品、または売買差金の受け渡しによって、売買取引を終了する。

権限を持っている上位者が、部下の提出した案の可否を決める。

3 同音異義語　その③

はいふ
○配付
○配布
関係者の各々に配って渡す。特定されている人に配って渡す。
配って広く行き渡らせる。不特定多数の人に配って渡す。
ひょうじ
○表示
○標示
外へはっきりと表して示す。
目印をつけて外部に表し示す。
ほしょう
○保証
○補償
間違いがない、大丈夫であると認め、責任を持つこと。
補い償うこと。財産上の損失を金銭で償う。

○保障

ある状態がそこなわれることのないように、保護して守る。

いじょう

○異常

普通ではなく、どこか変わったところがある状態。

○異状

ふだんと違った状態。

○移譲

権限や権利、財産などを他に譲り移すこと。

○委譲

権限などを下位の者に譲り任せること。

せじ

○世事

世間。世の中。世間の俗事。

○世辞

他人に対して愛想の良い言葉。相手を喜ばせるような言葉。追従。

きょうい

○脅威

何者かに脅かされること。脅かされて感じる恐ろしさ。

○驚異

驚き、不思議がること。また、驚くほど素晴らしい事柄や現象。

4 同訓異字　その①

すすめる

○勧める

○進める

○薦める

「入会を勧める」「貯金を勧める」など、勧誘や勧奨するケースで使われる。

「こまを進める」「車を進める」といった、前進や進行の表現。

「候補者として薦める」「参考書を薦める」のように、推薦や推挙する場合。

ふく

○吹く

○噴く

空気を動かすこと。「矢を吹く」などの他、「ほらを吹く」のように大げさにも使われる。

「一気に水が噴き出す」のように、内側から外側に向かって勢いよく出ること。

まぜる

○交ぜる

「大人の中に子どもを数人交ぜる」のように、交ぜても区別のつく状態。

○混ぜる

「湯と水を混ぜる」など、区別がつかなくなる状態を表す。

よむ

○読む

書かれたものを一字ずつ声に出して言う。物事を理解する、憶測する、物を数えるときの一般表現。「作文を読む」「市場を読む」など。

○詠む

声を長く引いて詩歌などをよむ。また、詩歌、俳句を作る場合に使われる。

はなす

○離す

くっついている物を分ける。「車両を切り離す」など、二つ以上の物に隔たりを作ること。

○放す

自由にしてやる、あることをしたまま放っておくときに。「窓を開け放す」「見放す」など。

5 同訓異字　その②

手などでなにかに触れる。「額に触って熱を確かめる」のように使う。

さしつかえる。邪魔・障害になるという意味。例として「彼女の発言はカンに障る」など。

「夜がしらじらと明け初める」といえば、動作や状態が起こり始めるとき。

色をつける、しみこませる。紅や墨などで、着色する場合に使われる。

さわる
○触る
○障る

そめる
○初める
○染める

つとめる

○勤める

「勤め先は病院です」「仏道に勤める」など、勤務や勤行《ごんぎょう》の意味。

○務める

「班長の役を務める」「司会進行役を務める」のように、役目を担う場合に使う。

○努める

「向上に努める」のように、努力すること。

おかす

○犯す

法律・規則・倫理などに反した行為をしてしまうこと。「過ちを犯す」など。

○侵す

「思想の自由を侵す」のように、侵害や侵略などの行為。

○冒す

危険や困難を覚悟で敢えてするという意味。また、聖域・尊厳などを汚し、傷つける。

ととのえる

○整える

整理、調整、きちんとまとめる。「部屋を整える」など。

○調える

調達、相談をまとめる。「資金を調える」のように使う。

6 同訓異字　その③

かたい
○固い
○堅い

「団結が固い」「父は頭が固い」など、強固な事柄を表すときに使う。
「堅い材木」「彼女は誰よりも口が堅い」など、堅実や確実なこと。

うえる
○植える
○飢える

植物などを育てるために根を土に埋める。
「餓える」とも書き、食物のない状態や、欲しい物が得られない状態が長く続く。

たずねる
○尋ねる
○訪ねる

捜し求めたり、問うたりする。
「友人宅を訪ねる」のように、訪問すること。

おくる
○送る
○贈る

かえる
○変える
○換える

はかる
○図る
○諮る
○謀る

おこす
○興す
○起こす

送達、送別、過ごす。「手紙を送る」「余生を送る」など。
業績をたたえること、贈呈。「プレゼントを贈る」などのように使われる。

前と違った状態にする。
あるものを除いて別のものをあてる。

「解決を図る」「独立を図る」のように、意図したり、企画したりする。
相談したり、意見を求めたりすること。
計略をめぐらせて騙す。また、その方法や手段を思いめぐらす。

新たになにかを始める。「事業を興す」のように使われる。
起きた状態にさせる。「寝た子を起こす」「体を起こす」などと使う。

本書は、本文庫のために書き下ろされたものです。

語彙力向上研究会
（ごいりょくこうじょうけんきゅうかい）
知性と教養を感じさせる会話や文章を研究するグループ。メンバーは常に、ワンランク上の言葉遣いの研鑽に余念がない。特に、大人として身につけておきたい語彙の由来や使い方、漢字の知識についての著作が多い。
このメンバーが執筆にかかわった書籍に、『できる人の語彙力が身につく本』（三笠書房《知的生きかた文庫》）、『デキる人は「言い回し」が凄い』『デキる人は「喋り」が凄い』（以上、ＫＡＤＯＫＡＷＡ　日本語力向上会議・著として）、『間違いのない日本語』（ＰＨＰ研究所　幸運社・編として）などがある。

知的生きかた文庫

できる大人《おとな》の漢字《かんじ》大全《たいぜん》

著　者　語彙力向上研究会《ごいりょくこうじょうけんきゅうかい》
発行者　押鐘太陽
発行所　株式会社三笠書房
〒一〇二-〇〇七二　東京都千代田区飯田橋三-三-一
電話〇三-五二二六-五七三四〈営業部〉
　　〇三-五二二六-五七三一〈編集部〉
https://www.mikasashobo.co.jp
印刷　誠宏印刷
製本　若林製本工場

ISBN978-4-8379-8784-0 C0130

C50441